Todavía Puedes Ganar Dinero en el Mercado

Nicolas Darvas

Titulo original hebreo: You Can Still Make It in the Market

Traducción al español: Carlos Gold

Contacto: info@bnpublishing.com

bnpublishing.com

Diseño Portada: Meni Berant

Al desarrollar mi representación del comportamiento bursátil, siempre tuve en mente la idea de que acabaría adoptando la forma de un dispositivo sencillo y portátil: algo que pudiera llevarse en el bolsillo y consultarse a diario con los precios de cierre. No sería más grande que una postal, pero contendría sus propias instrucciones integradas y toda la información necesaria para tomar decisiones de inversión, basadas en mis teorías, sobre si COMPRAR, VENDER o MANTENER.

En resumen, sería una representación visual compacta de mi sistema. Y eso fue lo que me dio la pista definitiva. Decidí llamarlo... la DAR-CARD.

PARTE I

Capítulo uno

En otoño de 1974, durante un viaje de negocios a Londres, recibí una petición muy inusual. Me invitaron a dar una charla en un seminario sobre inversiones al que asistían un distinguido grupo de expertos del mercado bursátil británico, corredores de bolsa y gestores de inversiones.

Me sorprendió mucho recibir esta solicitud, ya que provenía de miembros de la clase dirigente bursátil que siempre se habían burlado de mis teorías y logros en materia de inversión. Aunque mis métodos habían tenido mucho éxito y se habían demostrado una y otra vez, los profesionales de este tipo generalmente los consideraban poco ortodoxos, por no decir directamente heréticos. Por lo tanto, nunca imaginé que estarían mínimamente interesados en escuchar mis opiniones tan personales sobre el mercado de valores.

Sin embargo, me aseguraron que mis libros y opiniones, aunque controvertidos, eran bien conocidos en Gran Bretaña, y que mi participación sería el punto culminante del seminario, al ofrecer a los inversores británicos su primera oportunidad de conocerme y hacerme preguntas. A la vista de ello, acepté encantado la invitación.

Reflexioné mucho sobre la mejor manera de presentar mis opiniones ante lo que anticipaba que sería un público algo hostil, decidido a rebatirme. Mi problema era cómo explicar mi enfoque tan poco convencional del mercado —en particular, mi "teoría de las cajas"— de una forma clara y sencilla. Tenía que ser convincente y comprensible de inmediato incluso para el inversor menos sofisticado.

Mi técnica de inversión siempre había sido en gran medida mental. Gracias a mi larga experiencia y observación, los movimientos del mercado de valores estaban firmemente fijados en mi mente. Nunca miraba los gráficos, ni prestaba atención a los balances ni a otros "fundamentos" similares a la hora de decidir mis acciones. Pero ¿cómo podía transmitir de la forma más eficaz un método tan poco convencional?

Mi instinto teatral —había sido bailarín de teatro y de clubes nocturnos durante muchos años antes de interesarme por el mercado de valores— me hizo consciente de la necesidad de un fuerte impacto visual y de una presentación dramática que captara y mantuviera la atención del público. Muchos de los asistentes escucharían por primera vez mis teorías y técnicas, así como el razonamiento que las sustentaba.

Necesitaba algo más poderoso que un simple gráfico. Necesitaba un método para representar visualmente el comportamiento de las acciones que mostrara, de un solo vistazo, la tendencia, los puntos de compra y de venta, e indicara automáticamente qué decisiones tomar en cada etapa. En resumen, debía ser nada menos que la piedra filosofal del mercado de valores: un sistema capaz de transformar datos directamente en acciones y beneficios.

La necesidad es la madre de la invención, como bien se dice. Aceptar la invitación al seminario me obligó a resolver este problema con rapidez. Mientras paseaba por Hyde Park, en Londres, durante las semanas previas al seminario, no dejaba de pensar en las acciones que me habían reportado tantos beneficios en mis primeros años en el mercado de valores —Thiokoi y Fairchild Camera—, así como en aquellas con las que había tenido el mismo éxito más recientemente, como Tandy, Centronic Data y Digital Equipment, por mencionar solo algunas.

¿Qué tenían todas ellas en común? me preguntaba. ¿Por qué había tomado las decisiones que tomé? ¿Qué me llevó a actuar de ese modo? Y, sobre todo, ¿cómo podía explicar e ilustrar mis procesos mentales a alguien ajeno al tema?

Durante semanas di vueltas a estas preguntas, buscando una respuesta y probando diversas soluciones posibles. Reviví todos mis éxitos y fracasos pasados para extraer las lecciones esenciales que me habían enseñado sobre la inversión en bolsa y tratar de representarlas de forma gráfica. Poco a poco, una imagen comenzó a formarse en mi mente. Entonces, un día, ¡eureka! Encontré exactamente lo que estaba buscando. Era tan sencillo que me pregunté por qué me había llevado tanto tiempo verlo. Mostraba todo lo necesario con muy pocos elementos y ofrecía una visión más clara del comportamiento de las acciones que cualquier otra cosa que hubiera visto hasta entonces. Era justo lo que necesitaba.

En los días previos al seminario seguí concentrándome en este nuevo descubrimiento, explorando mentalmente sus posibilidades. Cuanto más lo analizaba, mayor parecía su potencial. Una vez hallada la idea básica, me resultó natural intentar ampliarla y desarrollarla. Al principio, solo servía para mostrar cómo se comportaban las acciones, pero pronto empecé a preguntarme si no podría transformarse en una herramienta de inversión completa, capaz de abordar cualquier problema que pudiera surgir en el mercado de valores. Pensé que sería extraordinario poder crear, para cada acción, un diagrama sencillo y compacto —no mayor que una postal— que mostrara todo lo necesario para tomar decisiones de inversión. ¿Podría incluso incorporar en él mi otra herramienta indispensable: el *stop-loss*?

Dada la complejidad del problema y la infinita variedad de situaciones que presenta el mercado de valores, a primera vista aquello parecía una tarea abrumadora, casi insuperable. Sin embargo, su potencial era tan enorme que empecé a pensar en algo mucho más universal que la simple representación gráfica que había concebido originalmente para el seminario.

Tras mucho ensayo y error, finalmente creé una ilustración clara y sencilla de mi método exitoso. La contemplé durante días, como un coleccionista de arte que acaba de adquirir un nuevo Rembrandt. Me sentía orgulloso de los resultados de mis esfuerzos y eufórico por haber resuelto por fin el problema. Pero cuando pasó la primera oleada de entusiasmo, tuve que admitir que me sentía decepcionado. Estaba buscando la piedra filosofal, una nueva clave para obtener beneficios en el mercado de valores, y lo único que había logrado era un diagrama primitivo.

Es cierto que contenía toda la información necesaria para tomar decisiones de inversión inmediatas, pero debía reconocer que su apariencia no causaría ningún impacto. Era correcto desde el punto de vista científico y factual, pero fallaba desde el punto de vista artístico y estético. Estaba convencido de que aquel diagrama aburrido no motivaría a nadie a actuar.

Planteé el problema a un diseñador gráfico que había trabajado conmigo en el pasado. Le expliqué lo que intentaba lograr y el razonamiento que había detrás.

—Contiene todos los datos necesarios —le dije—, pero hay algo que no funciona.

Diagnosticó el problema de inmediato:

—Tal como está, no tiene dramatismo. Las casillas no parecen realmente casillas, y el *stop-loss* las hace parecer aún más irreales y desequilibradas. Por muy interesantes que sean sus méritos como herramienta de inversión, visualmente resulta aburrido y poco atractivo; nadie le prestaría atención en su forma actual.

Puede que yo sea un experto en bolsa, pero estaba claro que no era ningún Rembrandt.

Se llevó mi dibujo primitivo y rudimentario y aceptó modificarlo, añadiendo lo que consideraba necesario sin alterar el concepto básico. Confieso que sentía una gran curiosidad por ver qué saldría de todo aquello.

Unos días más tarde me llamó.

—Creo que tengo lo que buscas —me dijo—. Te lo llevo enseguida.

El resultado me dejó sorprendido. Mis cajas, antes aburridas y poco expresivas, se habían transformado en auténticas figuras tridimensionales, con una relación entre ellas clara y perfectamente definida. La zona del *stop-loss*, lejos de parecer un apéndice artificial, ahora se mostraba tal como realmente era: una zona de peligro asociada a cada caja; no una simple línea, sino un área que lanzaba una advertencia inequívoca:

"¡PELIGRO! Si tus acciones entran en esta zona, procede con extrema cautela: estás en problemas".

Los precios, que originalmente había escrito dentro de las propias cajas, se trasladaron a una escala lateral, lo que dio al conjunto un aspecto limpio y ordenado y aumentó considerablemente su impacto visual. El resultado era impresionante, y comprendí de inmediato que ahora tenía en mis manos una herramienta de inversión única e inigualable.

Solo le faltaba una cosa: un nombre. No era un gráfico. No era un diagrama. En sentido estricto, ni siquiera era un historial de precios. Era algo más que un registro pasivo del comportamiento pasado de una acción. Consideré nombres como *Boxgram*, *Stock Action* o *Share Indicator*, pero ninguno me convencía: sonaban demasiado técnicos y carentes de personalidad.

Desde el principio, al desarrollar esta representación del comportamiento de las acciones, siempre la había imaginado como un dispositivo sencillo y portátil, algo que se pudiera llevar en el bolsillo y consultar a diario para compararlo con los precios de cierre. No más grande que una postal, pero con sus propias instrucciones incorporadas y toda la información esencial necesaria para decidir, según mi sistema, si COMPRAR, VENDER o MANTENER.

En resumen, sería una encarnación visual compacta de mi método. Y esa idea me dio la pista que necesitaba. Decidí llamarlo...

Dar·Card®

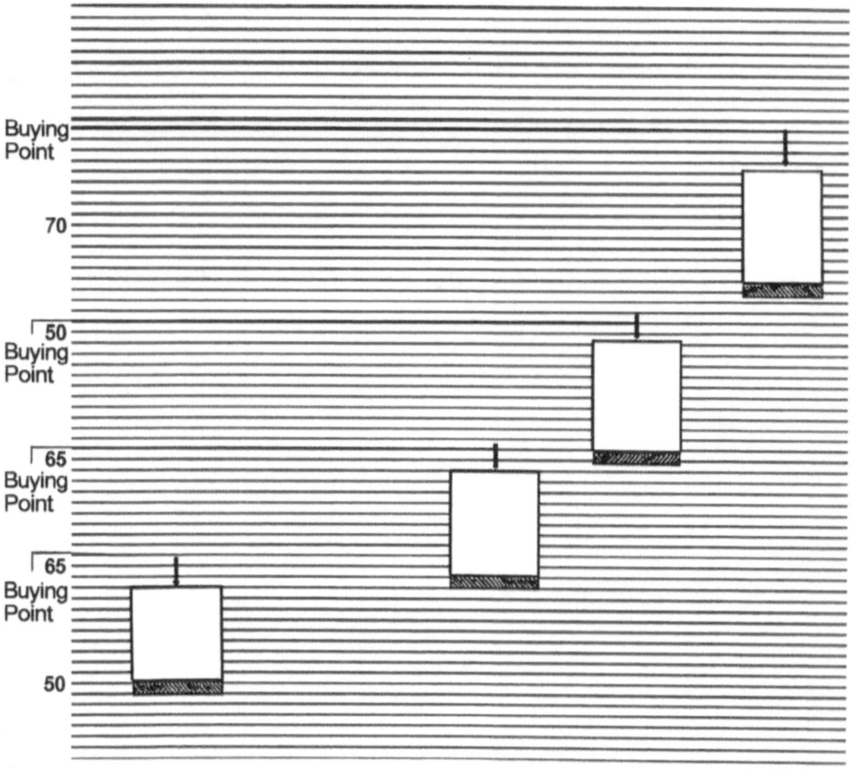

Hypothetical Stock
Box on far right: May 1977

Past Price Range		
1974	52	43
1975	49	35
1976	68	43
	High	Low

CÓMO DIBUJO UNA DAR-CARD

A. Cuando el precio de una acción en rápido ascenso alcanza un punto de resistencia que no supera durante tres o más días consecutivos, ese punto representa la parte superior del recuadro.

B. Si, tras caer desde el límite superior, la acción alcanza un punto de resistencia a la baja que no supera durante tres o más días consecutivos, ese nivel representa la parte inferior del recuadro.

C. Aparece un nivel de peligro sombreado si el precio cae un 5 % por debajo del límite inferior del recuadro.

CÓMO UTILIZO LA DAR-CARD

A. Una acción se encuentra en una tendencia alcista cuando está en su caja superior. Mientras la acción se mantenga en su lugar, se pueden ignorar sus cambios de precio y se deben considerar como MANTENER.

B. Si el precio de la acción se mueve por encima de la parte superior de esta caja superior, la acción se convierte en una COMPRA. Se debe establecer un stop-loss del 10 % en la primera ruptura.

C. Una vez formada una nueva caja superior, si el precio cae por debajo del límite inferior, en la zona sombreada de esta caja, la acción se convierte en una VENTA.

D. No hay razón para MANTENER o COMPRAR una acción que no se encuentre en su casilla superior.

La DAR-CARD me parecía un indicador tan claro y sin ambigüedades, tan diferente de los métodos aleatorios que se emplean habitualmente, que no tenía ninguna duda de que sería acogida con entusiasmo por mi público. Una vez finalizada en la forma que yo quería, solo quedaba demostrar su eficacia en situaciones prácticas de inversión y mostrar la facilidad con la que proporcionaba respuestas a muchos problemas recurrentes del mercado de valores.

Por mi propia correspondencia, sabía que las preguntas y los problemas a los que se enfrentaban los inversores eran infinitos. Desde que se publicaron mis primeros libros, me habían bombardeado constantemente con preguntas sobre el mercado de valores y mis métodos de inversión, así como con solicitudes de mi opinión sobre una enorme variedad de asuntos relacionados con la inversión. Estas preguntas procedían tanto de inversores novatos como experimentados, desde los proverbiales "viudos y huérfanos" hasta profesionales curtidos. Abarcaban todos los aspectos imaginables del mercado de valores, desde los más elementales hasta los más sofisticados: *¿Cómo encuentro acciones de crecimiento? ¿Debo comprar acciones de primera categoría? ¿Debo invertir para obtener dividendos o ganancias de capital? ¿Qué hace que una acción sea de crecimiento? ¿Cuándo es el mejor momento para comprar y vender?* Y, por supuesto, la eterna petición: *¿Conoce alguna buena acción?*

La persistencia de estas preguntas me hizo darme cuenta poco a poco de lo poco que entiende el mercado de valores la mayoría de los inversores y de los pocos que saben realmente cómo manejar las acciones con éxito. A pesar del enorme volumen de consejos, sugerencias y análisis que la prensa financiera día tras día, lo cierto es que muchos inversores están completamente confundidos y desconcertados por el mercado, por su comportamiento y su funcionamiento, y desconocen en gran medida las fuerzas que determinan los precios de las acciones. Muchos parecen tener poca idea de qué hacer en condiciones variables, cómo obtener grandes beneficios o cómo evitar grandes pérdidas.

No puedo culparlos. Cuando empecé a participar en el mercado de valores, me encontraba en una situación muy similar. Cuando compré mis primeras acciones hace unos veinte años, no tenía ni idea de que, en realidad, era como Daniel comprando una entrada para la guarida del león. Sin embargo, eso era precisamente lo que estaba haciendo: un aficionado inocente e ignorante que se ofrecía a las fauces del mercado. No sabía absolutamente nada sobre acciones. Ni siquiera sabía que había un mercado de valores en Nueva York, ni que los corredores de bolsa se ganaban la vida con las comisiones que deducían —por cierto— de mis ganancias. Compré acciones de empresas cuyos nombres apenas podía pronunciar; no tenía ni idea de a qué se dedicaban ni qué producían. Difícilmente podría haber habido un operador más despistado e ingenuo que yo.

Mi principal problema era cómo aprender sobre el mercado de valores y cómo operar en él con éxito. Por desgracia, la mayoría de los expertos y los libros sobre el tema me resultaban de poca utilidad. Lo único que me ofrecían era un torrente de palabrería sobre ganancias, dividendos, valores de activos, ratios precio-beneficio y cosas por el estilo, hasta que me daba vueltas la cabeza. Parecían capaces de decirme todo menos lo que yo quería saber, que era simplemente esto: *¿cómo se gana dinero en el mercado?* Ninguno de los métodos que se recomendaban parecía funcionar, a pesar de las afirmaciones que se hacían sobre ellos. Fue esta frustración la que me llevó a seguir mi propio camino, a aprender por ensayo y error y a desarrollar mi propio método exitoso.

Esta parecía, pues, una oportunidad perfecta para responder a las muchas preguntas que me habían planteado a lo largo de los años. Con la DAR-CARD, ahora podía dar respuestas más claras y fáciles de entender que nunca. No me interesaban los problemas puramente académicos; quería abordar las preocupaciones de los inversores normales, grandes y pequeños, muchos de los cuales no sabían a quién acudir en busca de orientación. ¿Qué mejor manera de hacerlo que preguntando directamente a la gente cuáles eran sus problemas con el mercado de valores? Todos los días conocía a personas de todos los ámbitos de la vida. Con solo preguntarles, estaba destinado a recopilar una amplia gama de problemas prácticos de inversión, problemas reales que surgen de situaciones cotidianas, del tipo que tan a menudo llevan a los inversores a tirarse de los pelos de frustración.

Siempre que conversaba con alguien, me aseguraba de preguntarle sobre sus experiencias y problemas en el mercado de valores. Me sorprendieron sinceramente algunas de las respuestas que recibí. Me asombró la ignorancia y la ingenuidad de muchos inversores, como el presidente de una empresa multimillonaria que todavía creía que el precio de las acciones de una empresa estaba directamente relacionado con sus ganancias, cuando incluso un vistazo superficial a las tablas de acciones le habría mostrado que las ganancias pueden aumentar mientras que el precio de las acciones cae, y viceversa.

O los muchos inversores bienintencionados que seguían comprando acciones para obtener ingresos por dividendos, cuando un simple cálculo revelaba que el rendimiento de los dividendos era inferior al que podían obtener dejando su dinero depositado en un banco, y con mucho menos riesgo. O los innumerables inversores que promediaron a la baja durante todo un mercado bajista hasta perder casi todo su capital, cuando deberían haber salido pronto con sus fondos intactos tan pronto como comenzó la caída.

Era casi increíble la gran cantidad de errores que cometía la gente y los pésimos consejos que recibían.

Por lo tanto, la invitación al seminario tuvo dos consecuencias bastante inesperadas. Me llevó a desarrollar la DAR-CARD y me hizo tomar conciencia de la necesidad de escribir un libro que no solo respondiera a las preguntas de los inversores de forma clara y sencilla, sino que también reafirmara algunas verdades fundamentales sobre las acciones que muchos parecían haber olvidado. Decidí que la mejor manera de hacerlo era relatar mis experiencias recientes en el mercado bursátil moderno: las decisiones que tomé y, lo que es aún más importante, las razones que las motivaron.

Capítulo dos

Eran los últimos meses de 1974 y el mercado bursátil llevaba casi dos años en fuerte caída, uno de los peores mercados bajistas que se recuerdan. Ninguna acción se había librado de la debacle; muchas se vendían a menos de tres veces sus ganancias. Prácticamente todas las emisiones, desde las más poderosas hasta las más modestas, habían sido devastadas. La tristeza y el desánimo se habían apoderado de todos. La gente hablaba como si el mercado estuviera acabado, muerto y enterrado. Era como volver a 1929.

No podía haber desarrollado la DAR-CARD en peor momento: simplemente no había oportunidad de utilizarla ni de demostrar su valor. Me sentía como un general que descubre un plan maestro para la victoria solo para descubrir que la guerra ya ha terminado. No tenía más remedio que sentarme pacientemente y esperar a que llegara la oportunidad adecuada.

A lo largo de los años, había desarrollado el hábito de observar constantemente el mercado en busca de nuevas acciones prometedoras en industrias con crecimiento futuro. No me interesaban las acciones "viudas y huérfanas", las favoritas de las instituciones, como IBM, General Motors o U.S. Steel. Estas empresas eran ahora tan enormes y tenían tantas acciones en circulación que se necesitaría una estampida de inversores para que sus acciones duplicaran su precio. Buscaba las IBM y las General Motors del futuro, las blue chips del mañana, no las blue chips de hoy o de ayer. Buscaba acciones que se triplicaran y cuadruplicaran en el próximo mercado alcista, no aquellas que tuvieran que luchar para ganar diez puntos.

Este enfoque siempre había dado buenos resultados en el pasado. No había encontrado esas acciones ganadoras leyendo las columnas financieras de los periódicos, ni suscribiéndome a servicios de asesoramiento, ni siquiera preguntando a mi Bróker. Simplemente había observado las cotizaciones del mercado hasta que aparecían ante mis ojos, impulsadas al alza por las fuerzas de la oferta y la demanda. Ninguna empresa con un futuro prometedor pasa desapercibida en el mercado, hay demasiados profesionales expertos y con buen ojo para eso. Simplemente esperaba, observaba y veía qué acciones subían con un gran volumen.

La experiencia y la práctica habían entrenado mis ojos para detectar esas acciones en las primeras etapas de su subida, separarlas de las demás por su comportamiento técnico y localizarlas en el confuso y ruidoso contexto de las fluctuaciones del mercado en el que estaban ocultas. Si estaban allí, sabía por mis éxitos anteriores que sería capaz de descubrirlas muy rápidamente. La clave sería entrar rápidamente con todo el capital que pudiera reunir. Al mismo tiempo, procedería con la cautela de un inversor experimentado en lugar de con la confianza excesiva de un novato. Sabía que podía equivocarme en mi lectura del mercado y siempre estaba dispuesto a huir si las cosas no salían como esperaba.

Una cosa tenía clara: tendría que encontrar nuevas acciones, no las que había tenido años atrás. Esas jóvenes y ágiles atletas olímpicas de las acciones que había comprado en anteriores mercados alcistas, que habían corrido por delante del resto y me habían hecho ganar una fortuna en el proceso, ahora eran ancianas decrépitas con un pie en la tumba. Las empresas para las que hablaban ya habían disfrutado de sus años de esplendor y habían entrado en una fase madura y respetada, mostrando estabilidad y cautela, cualidades que se reflejaban en el rendimiento de sus acciones. Se habían ganado un lugar en la historia del mercado de valores, y siempre las recordaría con nostalgia y feliz recuerdo de los emocionantes momentos que pasamos juntos. Pero, como cualquier caballo campeón que ha tenido su momento de gloria, había llegado el momento de dejarlos pastar y centrar mi atención en los jóvenes corredores del mañana.

Así que observé atentamente las cotizaciones en busca de cualquier signo de vida en lo que para la mayoría de la gente parecía un cadáver sin vida. Sabía que el mercado no seguiría cayendo para siempre. Cuando todos los vendedores se hubieran marchado a lamerse las heridas jurando "Nunca más", cuando todos los médicos del mercado de valores hubieran declarado muerto al paciente antes incluso de que se secara la tinta del certificado de defunción, el mercado cobraría vida de forma repentina e inesperada. Sorprendería a todos con su nueva agilidad, como si alguien se hubiera colado cuando nadie miraba y le hubiera dado un sorbo del elixir de la vida.

Para mi alegría, no me equivoqué. Mientras estudiaba las tablas bursátiles de septiembre-octubre de 1974, mi instinto me decía que el mercado estaba volviendo a la vida. No era más que un parpadeo, por así decirlo, pero era inconfundible. Hacia finales de septiembre, de repente me di cuenta de que Hughes Tool había subido más de diez puntos en una sola semana con un volumen enormemente aumentado. A mediados de noviembre, la acción se había duplicado, pasando de un mínimo de $36\frac{3}{4}$ a un máximo de $72\frac{1}{4}$.

Además, a mi alrededor, las acciones estaban despertando. El mercado estaba en movimiento, lo podía sentir.

Entonces, como una marea gigante que aparece sin previo aviso, las acciones, tanto grandes como pequeñas, se vieron arrastradas por una oleada colosal cuando las fuerzas del mercado se desataron de repente. Debería haberme sentido eufórico, después de todo, ahora poseía un arma nueva diseñada precisamente para esta situación. En cambio, estaba petrificado. El comportamiento del mercado no se parecía a nada que hubiera visto antes.

¿Me engañaban los ojos? ¿Estaba tan ansioso por probar la DAR-CARD que me engañaba a mí mismo creyendo que el mercado bajista había terminado? ¿No era más que una ilusión? Quizás se trataba simplemente de otra falsa ruptura que mi impaciencia interpretaba erróneamente como el comienzo de un nuevo mercado alcista. La razón y la emoción luchaban dentro de mí mientras me esforzaba por decidir.

Podía ver cómo otras acciones se disparaban —Houston Oil pasó de 12 a 26 en solo tres semanas en octubre— y, sin embargo, me quedé hipnotizado, como un conejo asustado, sin atreverme a actuar.

El hecho era que el largo período de inactividad desde el último mercado alcista y la prolongada espera durante el devastador mercado bajista habían pasado factura a mis emociones. Estaba estancado y asustado. Mi *stop-loss* me había sacado del mercado a principios de 1973 y, salvo una o dos incursiones superficiales, apenas había operado con acciones durante casi dos años. Aunque estaba preparado y esperaba la recuperación, esta llegó de forma inesperada y me dejó incapaz de reaccionar con la rapidez necesaria.

Capítulo tres

Había una cosa que me resultaba muy desconcertante. Ninguna acción formaba cajas. Hughes Tool y Houston Oil, por ejemplo, habían subido en línea recta sin ni siquiera una pausa para tomar aliento. Muchas otras acciones se comportaban de la misma manera. El repunte del mercado era tan pronunciado y generalizado que me resultaba imposible distinguir las acciones fuertes de las más débiles. ¿Había llegado mi enfoque a su fin, destinado a ser descartado en los anales de la historia del mercado de valores? ¿O simplemente el mercado estaba pasando por una fase temporal y definitiva de reajuste tras el largo y deprimente mercado bajista en el que innumerables acciones habían perdido hasta el 80% de su valor?

Como para recuperar mi fe y confianza, revisé la situación repetidamente. Estaba convencido de que debía mantener mi método y mis principios. Había forjado y probado mis técnicas muchas veces en el ardiente horno del mercado. Habían demostrado su eficacia una y otra vez, y si me apartaba de ellas, el resultado solo podía ser desastroso. Por otro lado, sabía que no debía permitir que mi método se convirtiera en una camisa de fuerza. El mercado había cambiado su carácter de forma permanente. Aferrarme ciega y rígidamente a mi enfoque, pasara lo que pasara, podría ser fatal. La coherencia, como dijo una vez Oscar Wilde, es la característica de las mentes débiles. Debía dejar margen para cierta flexibilidad; al fin y al cabo, podría ser necesario introducir algunas modificaciones en mi enfoque.

Hasta que el panorama se aclarara, debía resistir a toda costa la tentación de limitarme a "estar en el mercado". Buscaba las acciones adecuadas que me proporcionaran grandes ganancias de capital. Al igual que en el pasado, no veía sentido en perder mi tiempo y mi dinero en, por ejemplo, acciones de supermercados y textiles. Lo máximo que podían esperar esas empresas era aumentar sus ventas un 10%, si tenían suerte. ¡No! Me centraría en los sectores que tenían interés en el futuro: electrónica, ciencia espacial, semiconductores, láseres. Estaba seguro de que, tarde o temprano, surgiría algo nuevo y emocionante.

También me recordé a mí mismo que había muchas acciones que no debía tocar bajo ninguna circunstancia. Por mucho que me gustaran, cada vez que las había comprado en el pasado me habían hecho daño. Éramos completamente incompatibles en cuanto a temperamento. Eran como mujeres hermosas a las que solo debía admirar desde lejos, pero con las que sabía que nunca debía tener una aventura porque solo me causarían problemas. No eran para mí.

Así que, por el momento, me dije a mí mismo, esperaría a que llegara mi oportunidad y dejaría que el mercado me dijera qué hacer.

Después de casi dos meses de tensa e inquieta espera, mi paciencia finalmente dio sus frutos a principios de febrero de 1975. Observé un repentino salto de tres puntos y medio en una sola semana en National Semiconductor, una vieja conocida con la que estaba familiarizado. La subida del precio, en sí misma, no era especialmente espectacular, pero lo que me llamó poderosamente la atención fue el enorme aumento del volumen, que pasó de un nivel semanal habitual de alrededor de cien mil acciones en diciembre y enero a unas setecientas mil en la primera semana de febrero. Era evidente que existía un interés extraordinario por esta acción, un interés que no podía ignorar.

Además, para mi gran alegría, pude ver cómo el precio de las acciones formaba cajas justo delante de mí. El precio de las acciones había estado casi estancado durante semanas, variando en un estrecho rango de 9-11. Ahora había superado ese rango con un alto volumen, situándose en un rango de 14-17. Estaba eufórico: ¡mi teoría seguía funcionando después de todo! Sentí como si National Semiconductor me estuviera invitando a unirme justo antes de su éxito, casi como una recompensa por mi paciencia, mi fe y mi decisión de no alarmarme por el alza del mercado.

La acción técnica era correcta. La industria era la adecuada (la empresa era líder en el nuevo y creciente sector). Estas eran las acciones que había estado esperando.

Dar•Card®

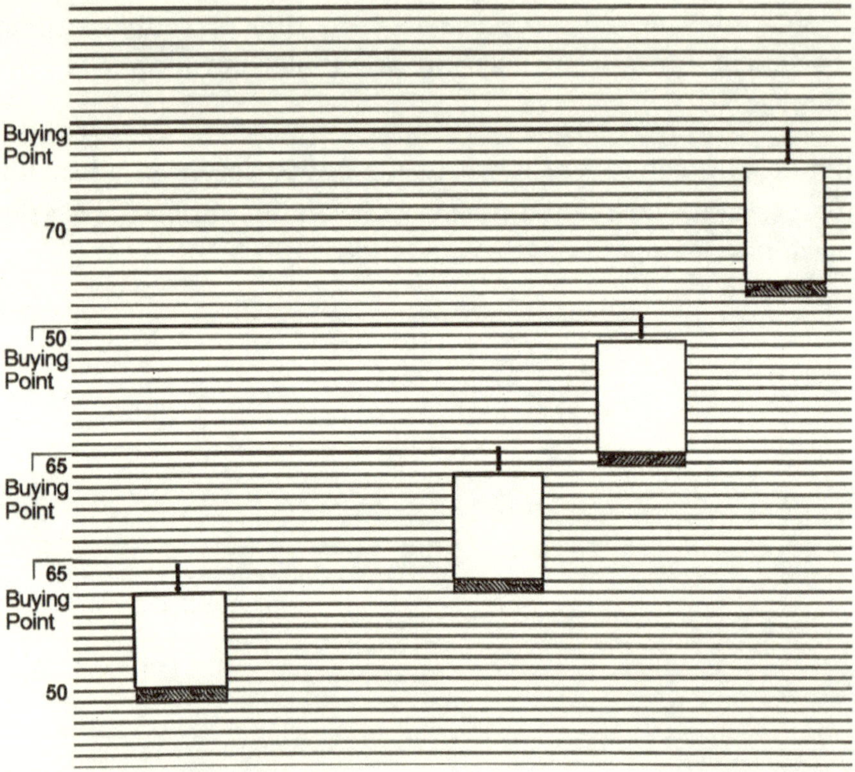

Hypothetical Stock
Box on far right: May 1977

Past Price Range		
1974	52	43
1975	49	35
1976	68	43
	High	Low

Capítulo cuatro

Cuando empecé a interesarme por National Semiconductor, su precio ya se había casi duplicado en solo dos meses, y a mucha gente le podría haber parecido que había perdido el tren. Podría haberla comprado a 8½ en diciembre, pero el precio de una acción por sí solo nunca es motivo suficiente para comprarla. Sin duda, National Semiconductor era barata a 8½, y si la hubiera comprado entonces, estaría en una buena posición.

Pero la experiencia me había enseñado hacía mucho tiempo a desconfiar de las gangas. Antes de tocar ninguna acción, primero quería ver alguna prueba de que iba a subir y a encarecerse. Por supuesto, con este enfoque nunca podría presumir de haber comprado en el momento más bajo, pero eso no me preocupaba. Intentaba obtener grandes beneficios y reducir al mínimo el margen de error; no me interesaba impresionar a mi Bróker con lo inteligente que había sido al comprar en el momento más bajo. El mercado de valores no es lugar para la vanidad. No me importaba perder los primeros puntos de una gran subida. Esos pocos puntos eran solo una prima de seguro que pagaba de buen grado para asegurarme de que no estaba comprando acciones sin valor. Siempre consideré la conocida máxima de Wall Street "Compra barato y vende caro" como otro cliché más que hacía tiempo que había tirado a la basura. He descubierto que es mucho mejor comprar "caro" y vender "más caro".

Sin embargo, hubo un factor que me hizo reflexionar. Normalmente no compraba acciones a menos que, además de cumplir los requisitos de mi teoría de las cajas, también hubieran superado su máximo histórico. Se trataba simplemente de un requisito de seguridad adicional: cuando una acción no solo ha alcanzado un nuevo máximo, sino que también ha superado su máximo histórico, se puede suponer con seguridad que todas aquellas personas desafortunadas que la compraron en el momento álgido y han estado esperando una oportunidad para salir ya la habrán vendido. Por lo tanto, ya no supondrían un lastre para la acción y el precio se dispararía. Sin embargo, National Semiconductor no se acercaba ni de lejos a su máximo histórico. Estaba indeciso entre esperar a que el precio superara su máximo histórico, lo que me parecía más seguro, o comprar inmediatamente una vez que comenzara a salir de su rango actual.

Era un dilema angustioso. Las acciones habían caído tanto en los últimos dos años que, si esperaba a que el precio alcanzara el máximo histórico, podría estar esperando hasta el fin de los tiempos. ¡El mercado alcista podría incluso haber terminado antes de que yo hubiera invertido un solo centavo en ninguna acción!

Tenía que tomar una decisión rápida, ahora o nunca. Decidí olvidarme del máximo histórico. Dada la intensidad del mercado bajista, con las acciones cayendo rápida y significativamente, pensé que era razonable creer que cualquier inversor que careciera de convicción ya habría vendido sus acciones en ese momento. Esperar el máximo histórico en tales circunstancias sería llevar la precaución a extremos ridículos. En cualquier caso, si me equivocaba, mi red de seguridad, el stop-loss, estaría ahí como siempre para garantizar que no sufriera ningún perjuicio. La oportunidad era demasiado buena para dejarla pasar.

Llamé inmediatamente a mi Bróker y le di instrucciones para que comprara 5000 acciones a 17½, con un stop-loss a 14½. Aunque me esforcé por adoptar una actitud tranquila y serena, me temblaban las manos mientras le daba la orden. El mercado llevaba dos meses al alza y yo me había quedado al margen, como un espectador impotente. Por más que lo intentaba, no podía reprimir mis emociones. Me sentía asustado y aprensivo.

Cuando colgué el teléfono, sentí como si acabara de hacer una apuesta. Estaba apostando por la validez de mi teoría, apostando a que el mercado seguía obedeciendo las mismas reglas y que mi interpretación era correcta. Ahora no podía hacer nada más que observar y ver cómo se comportaba la acción.

En los días siguientes, National Semiconductor se comportó de una manera desesperadamente indecisa. Subió hasta un rango de 16¼-18⅜ y pareció quedarse allí indefinidamente, sin realizar ninguna ruptura decisiva. Estaba decepcionado, pero no tenía más remedio que aguantar y esperar.

Por fin, a principios de marzo, llegó la fuerte ruptura que había estado esperando. National Semiconductor superó los 20 y estableció un nuevo rango de 21-24. Estaba eufórico, era como en los viejos tiempos. Volvía a estar en acción y las cosas finalmente volvían a salir como yo quería. La siguiente decisión que tendría que tomar sería cuándo era el momento de aprovechar la tendencia y comprar más.

Cuando las acciones comenzaron a subir de forma decisiva y alcanzaron los 27 dólares, di instrucciones a mi corredor para que comprara otras 5000 acciones con un stop-loss para mi cartera total a 26 dólares. Aunque el precio estaba muy por encima de mi precio de compra original, tomé medidas para protegerme contra cualquier revés inesperado. No quería perder las ganancias que ya había obtenido.

Pero National Semiconductor siguió comportándose de maravilla. A mediados de abril había subido por encima de 35 y yo ya había duplicado mi inversión original. Estaba en una nube. Sonreía a todo el mundo; hacía meses que no me sentía tan alegre y feliz. ¡Qué efecto tan maravilloso puede tener una acción en alza en el ánimo de una persona! Había vuelto al mercado y estaba ganando. La incertidumbre, el examen de conciencia y la frustración que había sentido solo tres meses antes habían desaparecido. Una vez más, era dueño de la situación y lo disfrutaba.

Pero había olvidado una cosa: a las acciones no les gusta que se las dé por sentado. De alguna manera perversa, tienen la costumbre de dar sorpresas y propinar una buena bofetada a cualquiera que sea tan arrogante como para pensar que las domina. Mientras yo todavía me sentía en la cima del mundo, National Semiconductor dio un giro inesperado. Después de oscilar entre 33 y 35 y caer brevemente a 31, la acción cayó repentinamente por debajo de 30.

Mi cálido optimismo se evaporó rápidamente y fue reemplazado por el frío escalofrío del miedo. Llamé apresuradamente a mi corredor y subí mi *stop-loss* a 29⅝. Apenas lo hice, ¡fui vendido! Apenas entendía lo que me había pasado. Un minuto estaba feliz en el mercado, manteniendo una acción en alza, y al siguiente volvía a estar fuera, a la intemperie.

Mi luna de miel con National Semiconductor duró apenas tres meses. Aunque había obtenido una ganancia considerable, sentí una profunda decepción y mortificación. Casi no había tenido tiempo de mojarme los pies en el mercado cuando me expulsaron y me dejaron en seco.

Pero la acción aún no había terminado conmigo. Después de caer a 28, pareció despreciarme, dar marcha atrás y, en una semana, volver a subir por encima de 35. Me había deshecho de ella por un movimiento en falso.

Me sentí mortificado, presa de la necesidad de volver corriendo y comprarla de nuevo. Pero no había forma de saber cuánto duraría la subida, y no tuve más remedio que esperar a que se estabilizara y formara un nuevo rango.

Finalmente, eso fue lo que ocurrió. Las acciones subieron hasta un nuevo rango de 35-38. Llamé a mi Bróker y le di instrucciones de que comprara las acciones si subían por encima de 38, con un stop-loss en 35. A los pocos días, recibí la confirmación de que mi orden de compra se había ejecutado.

Los rangos siguieron acumulándose y, en junio, el precio superó los 40. Aunque la bofetada que me había dado el rápido cambio de tendencia de las acciones me había dejado con una actitud más sobria al respecto, me resultaba difícil reprimir la emoción que sentía al ver cómo subían sin cesar: 42, 45, 47.

Parecía que nada podía detenerlo, pero yo no quería correr ningún riesgo. Seguí subiendo mi stop-loss a medida que la acción avanzaba, dispuesto a vender en cualquier momento si el precio caía por debajo del mínimo de su caja.

En julio, la acción subió hasta un máximo de 47⅞, dudó, cayó y luego volvió a subir, pero sin mucha convicción. Presentí problemas. Cogí el teléfono y rápidamente subí mi stop-loss a 43. En dos días había vendido todo. Una vez más, National Semiconductor y yo nos habíamos separado.

Dar•Card©

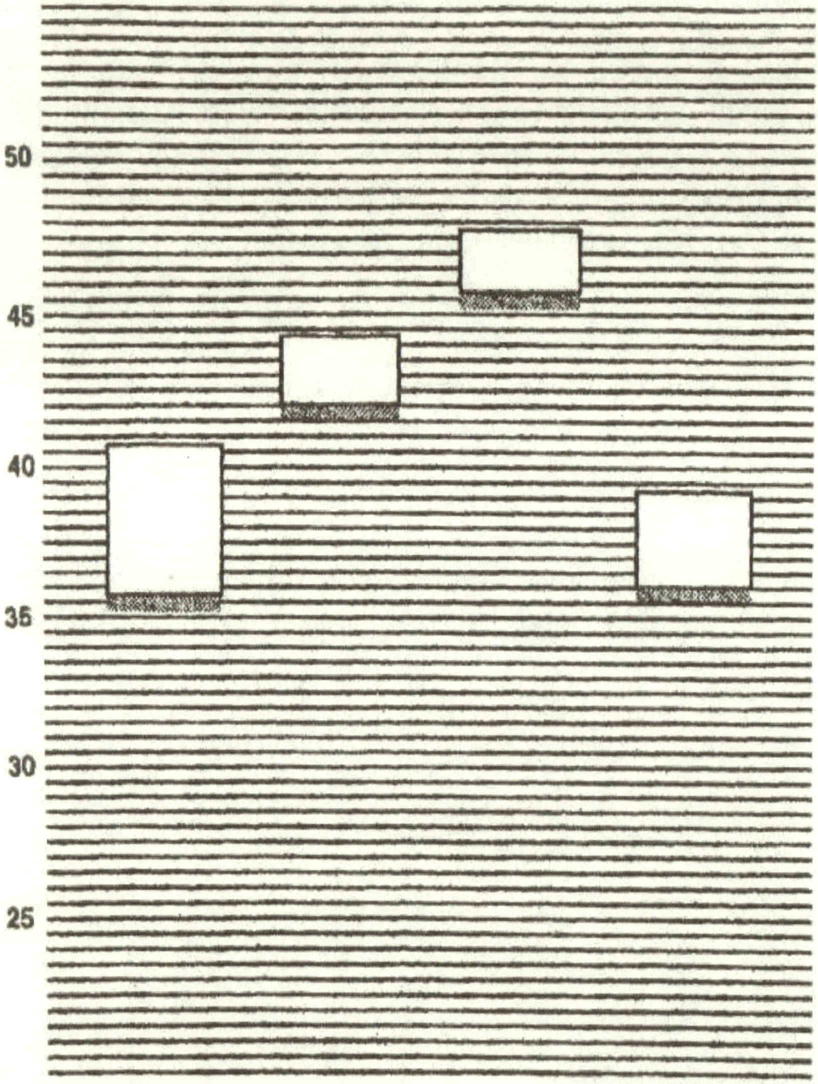

National Semiconductor
August 1975

(Split 3 for 1 in 1974)

Past Price Range		
1973	108⅝	23
1974	23⅛	6¼
1975	47⅞	9¼
	High	Low

Capítulo cinco

A menudo me he preguntado por qué tantas personas con tanta experiencia y conocimientos en materia bursátil como yo fracasan tan estrepitosamente en sus operaciones bursátiles. Todo lo que hacen parece salir mal. Compran en el punto más alto y venden en el más bajo, obtienen pequeñas ganancias y se quedan con grandes pérdidas, y hacen lo contrario de lo que el sentido común les dicta. Mi gestión de National Semiconductor no requirió ninguna habilidad especial, cálculos abstrusos ni conjeturas inspiradas. El comportamiento de la propia acción me indicó qué hacer: cuándo comprar, cuándo ir a lo seguro y cuándo vender. Solo tuve que protegerme en cada etapa contra cualquier imprevisto utilizando el stop-loss. ¿Por qué a tanta gente le resulta tan difícil manejar con éxito las acciones?

No conozco ninguna actividad humana en la que las personas se comporten de forma más irracional que en el mercado de valores. Las acciones parecen tener algo casi hipnótico que hace que las personas actúen de una manera que nunca tolerarían en ningún otro ámbito. Esta irracionalidad suele adoptar las formas más extrañas. Dos anécdotas ilustrarán algunos de los curiosos bloqueos mentales que sufren muchas personas cuando se involucran en el mercado de valores.

Soy muy amigo de un exitoso inversor de Las Vegas, al que visito a menudo tanto por motivos sociales como para hablar del mercado de valores. Lo hago no porque ninguno de los dos necesite el consejo del otro, sino porque hablar con él es como recargar mis baterías mentales. Posee un instinto para el mercado realmente notable. Con una consistencia sorprendente, es capaz de anticipar cómo se comportará el mercado en los próximos meses, únicamente gracias a una intuición única que ha desarrollado a lo largo de muchos años de cuidadosa observación.

Después de ganar una buena suma con las acciones, decidió vender sus servicios al público creando un servicio de asesoramiento bursátil. Propuso enviar a los suscriptores una carta quincenal con sus predicciones sobre la evolución futura del mercado. Me pareció una idea inteligente y, cuando me fui de viaje a Europa, él ya lo tenía todo listo para poner en marcha el negocio.

A mi regreso, dieciocho meses después, me propuse buscarlo. Me sorprendió descubrir que su negocio había fracasado por completo. Aunque sus predicciones y lecturas del mercado habían sido notablemente precisas y había pronosticado la llegada del mercado bajista y aconsejado a sus lectores que vendieran, había perdido el 70% de sus suscriptores en los meses siguientes y tuvo que cerrar el negocio.

¿Por qué? Porque para tener éxito, un servicio de asesoramiento debe decirle a la gente lo que quiere oír, no necesariamente la verdad. Durante un mercado en auge, las personas tienden a buscar asesoramiento sobre qué comprar y anhelan la seguridad de que la tendencia alcista perdurará; pocos quieren advertencias sobre prepararse para salir en caso de una importante reversión inminente. Siempre buscan noticias positivas y consejos que les ayuden a ganar dinero. Incluso si salir o vender en el mercado pudiera beneficiarles, prefieren que no se les aconseje hacerlo. Los análisis de mi amigo eran correctos, pero no estaban en sintonía con las emociones de sus lectores. Estos consideraban que sus opiniones no tenían sentido y, por lo tanto, no renovaron sus suscripciones.

El hecho de que hubieran ganado dinero siguiendo sus consejos era irrelevante. No podían seguir sus consejos porque les resultaba psicológicamente imposible hacerlo. ¿Cómo se puede creer a un hombre que te dice que el mercado va a caer cuando todos los demás te dicen exactamente lo que quieres oír, que seguirá subiendo? Nadie tiene ninguna esperanza de que le crean a menos que le diga a la gente lo que confirma sus propios prejuicios. Todos los persuasores exitosos, desde la serpiente en el Jardín del Edén hasta el mayor orador de masas, Hitler, han aprovechado este hecho. Mi amigo finalmente tuvo que dejar de publicar su newsletter sobre el mercado, porque nadie quería escuchar sus opiniones, por correctas que fueran.

Tengo un Bróker con complejos y prejuicios incurables similares. Me ha visto hacer una fortuna en el mercado y conoce el método que utilizo, pero se niega a creer lo que ve. Según él, lo estoy haciendo todo mal. Él cree en comprar acciones baratas, venderlas si suben un par de puntos, mantenerlas y bajar el promedio si el precio cae, y nunca vender nada que muestre pérdidas. En resumen, hace exactamente lo contrario de todo lo que yo hago. Está convencido de que debo estar utilizando algún tipo de truco y que algún día fracasaré estrepitosamente. Mientras tanto, yo sigo ganando dinero y él se queda con "gatos y perros" en su cartera.

Es parte del instinto gregario seguir a la multitud, aceptar la sabiduría convencional y hacer lo que hacen todos los demás. Por eso, los empresarios racionales, conservadores y sensatos, que nunca tomarían una decisión empresarial ni comprometerían capital en sus propias empresas sin una investigación exhaustiva, a menudo se lanzan a la aventura y compran acciones basándose en meros rumores y habladurías durante un mercado alcista. Cuando todos tus compañeros lemmings se precipitan hacia el mar, ¿qué posibilidades tiene un lemming solitario de no verse afectado por la locura? Cuando las acciones se disparan y todo el mundo parece ganar dinero fácilmente y sin esfuerzo, ¿cómo puede incluso el más inteligente resistirse a la tentación de subirse al carro? La locura es tan contagiosa que ni siquiera un intelecto superior ofrece protección alguna; los médicos, abogados, contables y miembros de la élite intelectual suelen ser aún más vulnerables que el resto de nosotros cuando el mercado está en pleno auge.

Muchos inversores se enredan emocionalmente con el mercado hasta el punto de llegar a verlo como un adversario personal: algo a lo que hay que vencer o, al menos, con lo que hay que "quedar a mano". Un conocido mío del mundo de los negocios compró una acción a 18, la vio subir hasta 44, luego desplomarse hasta 4, recuperarse hasta 17 y volver a caer. Le he aconsejado muchas veces que venda a 17; al fin y al cabo, ¿qué es una pérdida de un solo punto? Pero no. Se niega a vender hasta que vuelva a su precio de compra original de 18. Está decidido a "darle una lección" a esa acción y desquitarse de ella. Lleva ya diez años manteniéndola, esperando ese momento. Actualmente la acción cotiza a 9 y no muestra ninguna señal de que vaya a volver jamás a 18.

Las emociones de las personas interfieren en sus decisiones bursátiles de formas muy curiosas. Muchos inversores dudan en reducir sus pérdidas porque les da vergüenza parecer tontos ante los ojos de su Bróker. Se muestran reacios incluso a llamarle por teléfono y vender una acción que compraron hace poco y que ya ha empezado a bajar.

Lo irónico es que al corredor le da igual. Lo que le preocupa es el volumen de negocios, no si usted ha cometido un error, y a menudo ni siquiera es consciente de que se ha cometido.

De hecho, los corredores sufren inhibiciones emocionales similares. Un corredor que le ha recomendado comprar una acción a 20 a menudo no se atreve a aconsejarle que la venda, como debería, si cae rápidamente a 17. Hacerlo significaría admitir que cometió un error. En cambio, te tranquiliza con frases reconfortantes como "volverá a subir", "es solo una reacción temporal" o "no te asustes", mientras ves cómo la acción cae sin cesar hasta los 10, momento en el que de repente parece "demasiado tarde" para tomar medidas.

Todo el mundo en el mercado de valores parece anteponer sus esperanzas, miedos, inhibiciones, vanidad y prejuicios al pensamiento racional. ¿Cómo pueden tener éxito?

No pretendo afirmar con arrogancia que yo esté por encima de todo esto. Soy tan humano como cualquiera. De hecho, en lo que respecta a las acciones, soy el mayor cobarde de la tierra y siempre estoy dispuesto a huir ante la más mínima señal de problemas. Me permito entrar en pánico porque he aprendido que, de todos modos, entraré en pánico más tarde.

Sin embargo, la extraordinaria irracionalidad de mis semejantes, tal y como se revela en su comportamiento en el mercado de valores, sigue fascinándome. Por encima de todo, la "locura de la mente" que infecta a las personas una vez que les pica el gusanillo de "hacerse rico rápidamente" es un fenómeno psicológico notable. Nunca lo he entendido del todo, ni he encontrado ninguna explicación convincente al respecto. Sin embargo, el mero hecho de reconocer que existe —y que yo no soy menos susceptible a él que cualquier otra persona— me obligó a tomar medidas deliberadas para suprimirlo y superarlo.

La amarga experiencia me enseñó que no podía tener éxito en el mercado si permitía que las emociones influyeran en mis decisiones. Por lo tanto, una de las primeras medidas que adopté fue mantenerme alejado del mercado y aislarme de sus constantes cambios de humor.

Así que, aunque sigo operando en Wall Street, mantengo el mercado y su atmósfera emocional a distancia. No quiero saber lo que piensa o dice la gente de Wall Street. No me interesan las últimas previsiones empresariales, las opiniones de los analistas, los puntos de vista de los corredores de bolsa ni los rumores de los informadores. Las tablas bursátiles me dicen todo lo que necesito saber. Es lo que hacen las acciones, y no lo que dice la gente, lo que determina mis acciones e es. Esta ha sido durante mucho tiempo la piedra angular de mi enfoque del mercado, y sigue siéndolo hoy en día.

Capítulo seis

Aunque me había desprendido de National Semiconductor con un beneficio sustancial, eso no supuso el fin de mi relación con la empresa. Seguí muy interesado en su evolución. Nunca pude perder el interés por las acciones con las que había operado con éxito en el pasado. Incluso ahora, muchos años después, sigo echándoles un vistazo para ver cómo les va, si han caído en desgracia, si se han renovado y están intentando volver a la palestra como una estrella de cine envejecida, o si han desaparecido para siempre. Es difícil olvidar a los amigos íntimos (porque así es como los consideraba), aunque ahora sean meras sombras de lo que fueron.

Por lo tanto, seguí observando el comportamiento de National Semiconductor por si acaso la reacción que me había llevado a vender resultaba ser temporal. Estaba dispuesto a volver a comprarla si se recuperaba, pero primero quería ver si podía volver a superar su máximo anterior de 48. Sin embargo, el precio siguió cayendo en picado y, en cuestión de semanas, alcanzó un mínimo de 32. No me gustó nada esta caída, así que, incluso cuando el precio dejó de caer y empezó a subir de forma irregular en septiembre, empecé a sospechar que algo no iba bien.

De hecho, la acción tardó cuatro meses en recuperar el terreno que había perdido en solo unas semanas y parecía luchar por cada dólar en el camino. Decidí que su comportamiento era tan poco convincente que me mantendría al margen para siempre.

El precio finalmente alcanzó un nuevo máximo de $55\frac{3}{8}$ en febrero de 1976, pero luego se quedó sin fuerza. Por más que lo intentara, no podía avanzar más. Casi podía sentir cómo resoplaba mientras los compradores y vendedores luchaban en torno al nivel de 50 durante más de dos meses. Observé, fascinado, para ver qué bando prevalecería.

Poco a poco, los vendedores tomaron la delantera y comenzó una lenta retirada que, en junio, se había convertido en algo parecido a una derrota. En julio, con la acción cotizando en torno a los 35, finalmente salió a la luz la noticia que lo explicaba todo. Se anunció que las entregas de relojes digitales en la primera mitad del año fiscal serían solo la mitad de lo previsto, debido a problemas en la planta de la empresa en Bangkok. Las acciones cayeron casi dos dólares en un solo día, con un volumen de casi tres cuartos de millón de acciones, mientras los desafortunados accionistas se deshacían de ellas presas del pánico.

Pero para entonces ya era demasiado tarde. Las acciones habían estado enviando señales de peligro meses antes, cuando los iniciados bien informados salieron y distribuyeron discretamente sus títulos entre compradores dispuestos, pero menos informados. Esa había sido la verdadera razón de la vacilación de las acciones tras su subida inicial.

La escritura estaba en la pared para cualquiera con ojos lo suficientemente atentos como para verla. Mi decisión de salir —y de mantenerme al margen— había quedado plenamente justificada.

En cierto modo, el comportamiento del precio de las acciones resultó aún más fiable que la información privilegiada. Si alguien me hubiera susurrado que había oído de una "fuente incuestionable" que National Semiconductor estaba experimentando problemas de producción, no habría tenido forma de saber si creerle. ¿Era la información verdadera o falsa, fiable o falsa, bien fundada o totalmente infundada? No habría habido forma de que yo, ni ningún otro extraño, pudiera estar seguro.

Pero no lo necesitaba. El comportamiento de las acciones me decía todo lo que debía saber.

Por supuesto, no tenía ni idea de que la empresa estaba atravesando dificultades en su planta. Mis decisiones se basaban únicamente en el comportamiento de las acciones en el mercado. En cierto modo, había actuado como un iniciado, sin serlo en realidad.

Un iniciado con información privilegiada solo conserva su ventaja mientras no actúa en función de ella. En el momento en que lo hace, la cinta del mercado revela su conocimiento y la ventaja desaparece. Es cierto que no vendí en el punto más alto, como tampoco compré en el más bajo. Pero había obtenido excelentes beneficios en cuestión de meses y había salido antes de que aparecieran los problemas. No tenía ningún motivo para sentirme insatisfecho con mi actuación.

Curiosamente, a pesar de que mi enfoque del mercado era lógico, sencillo y eficaz, muchas de las personas con las que hablé se negaban a aceptar que fuera un método válido y viable para invertir con éxito. En una ocasión tuve un amigo muy cercano, un empresario rico, respetado y exitoso, a quien también le gustaba invertir en bolsa. Lo hacía con una minuciosidad extrema: analizaba las empresas hasta el último detalle, examinaba los balances con lupa y calculadora electrónica, y jamás realizaba una inversión sin una investigación financiera exhaustiva. Su capacidad para desentrañar los estados financieros habría sido la envidia de cualquier contable.

Lo más sorprendente era que, pese a su incuestionable perspicacia empresarial y su extraordinaria comprensión de los asuntos financieros, nunca ganaba dinero en el mercado de valores. Al contrario, parecía cometer todos los errores posibles: compraba sistemáticamente en los máximos y vendía en los mínimos, quedaba atrapado en acciones invendibles, interpretaba mal los grandes movimientos del mercado y perdía año tras año una parte sustancial de sus ingresos.

Intenté ayudarlo en numerosas ocasiones, pero se negaba a escucharme. Estaba convencido de que su enfoque era correcto y de que era el propio mercado el que se comportaba de manera irracional. El hecho de que yo hubiera hecho una fortuna utilizando mis métodos, mientras él no hacía más que equivocarse, no le convencía en absoluto. Creía firmemente que las ganancias, el valor intrínseco, el rendimiento del capital y medidas similares eran los verdaderos determinantes del precio de las acciones, y nada de lo que yo dijera lograba persuadirlo de lo contrario. Si el mercado no coincidía con su análisis, peor para el mercado. Mientras tanto, él seguía perdiendo dinero.

Intenté explicarle repetidamente la lógica que sustentaba mi método. Le dije que una empresa podía tener los fundamentos más magníficos del mundo, pero si nadie compraba sus acciones, el precio no subiría ni un solo céntimo. Y, al fin y al cabo, ¿qué sentido tiene comprar una acción porque es "barata" si luego sigue bajando de precio? Pero él hizo oídos sordos a todos mis argumentos.

Mi técnica de comprar acciones solo cuando han superado el máximo de su rango más alto y, al mismo tiempo, proteger la compra inicial con un stop-loss cercano, también parece difícil de aceptar para mucha gente, a pesar de que se basa únicamente en la observación del comportamiento real de los precios de las acciones. Los corredores de bolsa, en particular, parecen sufrir un peculiar bloqueo mental en lo que respecta a este enfoque.

Una vez me interesó una acción que oscilaba entre 12 y 16. Le di a mi corredor la orden de comprarla si subía a 16½ y de venderla si posteriormente bajaba a 15. (En el momento en que di la orden, la acción se vendía a 14). Mi corredor pensó que no me había entendido bien.

"Seguramente, señor Darvas, lo que quiere decir es que debo comprar la acción a 15 y venderla a 16½, y no al revés, como ha dicho. Y, en cualquier caso, ¿por qué debería esperar a comprarla a 16½ cuando puedo comprarla más barata ahora mismo a 14?".

Por más que lo intenté, no conseguí que entendiera que mis instrucciones originales eran correctas y que no estaba loco. Para él, las acciones eran como naranjas: ¿por qué comprarlas a seis céntimos cuando se pueden conseguir a cuatro?

Al final, las acciones nunca llegaron a 16¼. Después de subir a 16, cambiaron de dirección y acabaron cayendo a 10½. Si las hubiera comprado cuando parecían "baratas" a 14, habría perdido una fortuna. Ahí queda eso de las acciones baratas.

Dar•Card©
80
75
70
65
60
55

Capítulo siete

Me fijé por primera vez en Moore-McCormack cuando apareció en la lista de nuevos máximos en abril de 1974. En aquel momento no le presté especial atención, solo tomé nota mentalmente de que era curioso que una acción alcanzara nuevos máximos en un momento en el que la mayoría de las acciones estaban cayendo.

A medida que el mercado seguía cayendo y las listas de nuevos mínimos se alargaban de forma deprimente, a menudo hasta alcanzar los cientos, Moore-McCormack seguía apareciendo en la lista de nuevos máximos. Por ejemplo, en la semana que terminó el 28 de junio, cuando 637 acciones de la Bolsa de Nueva York alcanzaron nuevos mínimos, Moore-McCormack fue una de las trece únicas acciones que registraron un nuevo máximo.

Me di cuenta de que las acciones seguían alcanzando nuevos máximos a lo largo de julio y agosto, a menudo acompañados de enormes aumentos en el volumen de operaciones. No podía creer lo que estaba viendo. Pero con el mercado cayendo ahora precipitadamente, estaba demasiado asustado para actuar al respecto.

Sin embargo, cuando a finales de agosto Moore-McCormack volvió a alcanzar un nuevo máximo en una semana en la que nada menos que 1012 acciones registraban nuevos mínimos, decidí que tenía que examinar más de cerca este extraordinario fenómeno.

Cuando investigué los antecedentes de la empresa, me decepcionó bastante descubrir que no había nada particularmente emocionante en ella. La empresa prestaba servicios de transporte marítimo de carga, transporte a granel, gestionaba propiedades mineras y vendía carbón. ¿Qué podía ser más aburrido? ¿Una industria con visión de futuro, propia de la era espacial? Ni hablar.

Estuve tentado de deshacerme de las acciones en ese mismo momento.

Sin embargo, seguía fascinado por su extraordinaria fortaleza en comparación con otras acciones. En octubre, el precio había subido de 12⅜ a más de 34, alcanzando nuevos máximos a lo largo del camino.

Esto es demasiado, pensé para mis adentros. Al diablo con los antecedentes, los fundamentos, la industria... tenía que haber alguna razón para este comportamiento tan notable. Cuando el río suena, algo hay. Quizás Moore-McCormack había desarrollado un nuevo buque de carga supersónico, conjeturé con tristeza.

Pero justo cuando empezaba a interesarme lo suficiente como para plantearme comprarla, el mercado, voluble como siempre, hizo caer la acción más de diez puntos, hasta los 23, en diciembre. Estaba a punto de decirle adiós a la acción cuando, para mi sorpresa, repuntó hasta los 30 en enero de 1975 y continuó su marcha ascendente.

Para entonces, estaba realmente alerta. Estaba seguro de que algo estaba pasando. Una acción no sube de 12 a 34, cae hasta cerca de 20 y luego vuelve a subir rápidamente por encima de 30 sin una buena razón. No sabía ni me importaba cuáles eran las razones. ¡Esta acción era una compra solo por su comportamiento técnico! Decidí entrar en ella si subía por encima de su máximo anterior.

No tuve que esperar mucho. A principios de febrero, Moore-McCormack salió rápidamente de un estrecho rango de 33-32, y compré un bloque de acciones a 34½. Apenas había conseguido introducir mi orden cuando la acción se disparó de forma espectacular. A finales de febrero superaba los 45; en la primera semana de abril, superaba los 55; y a principios de mayo rozaba los 70. ¿Qué estaba pasando? ¿Había descubierto Moore-McCormack una forma de transportar carbón a Marte?

Me convencí de que esta situación no podía continuar indefinidamente. Estaba listo para salir corriendo a la primera señal de problemas. Pero Moore-McCormack siguió subiendo: 75, 79, 85, ¡90! Lo observaba sin aliento, casi hipnotizado. Nunca había visto nada parecido. Era una acción sacada directamente de Alicia en el país de las maravillas: ¡ahora subía entre 5 y 7 puntos al día! ¿Dónde acabaría todo esto? Estaba más alerta que nunca. Nunca había subido un stop-loss tan rápido. Apenas tenía tiempo para pensar, y mucho menos para actuar.

Sabía que esto no podía durar mucho más. Estaba decidido a mantener la acción mientras siguiera subiendo, pero tenía la mano firmemente agarrada a la cuerda de mi paracaídas de stop-loss, listo para saltar a la primera señal de reacción. Sin duda, esta no era una acción que se pudiera comprar y olvidar.

El 23 de julio, Moore-McCormack alcanzó un máximo fenomenal de 95⅞, y luego se desplomó. El 29 de julio, las acciones cayeron más de nueve puntos; el 31 de julio, cayeron otros siete. Se abrieron bolsas de aire por todos lados; nunca había visto unas acciones caer tan rápido. Vendí a 85 y luego observé, casi sin poder creer lo que veían mis ojos, cómo se desplomaba hasta 53 en solo dos semanas. Mi asiento eyectable se había disparado justo a tiempo. Si hubiera aguantado unos días más, habría perdido otros veinte puntos.

Esta historia tuvo una secuela interesante. Aproximadamente un año después, durante una estancia en París, entablé conversación con un turista estadounidense que casualmente estaba sentado a mi lado en el hotel. En un momento dado, la conversación derivó hacia el mercado de valores y le conté mi extraordinaria experiencia con Moore-McCormack.

"Ah, sí", dijo. "La empresa tenía intereses en una explotación minera en el noroeste de Quebec con prometedores yacimientos de cobre, zinc y plata. Por eso había tanto entusiasmo".

"Entonces, ¿por qué se desplomaron las acciones?", le pregunté.

"La empresa anunció en julio", explicó, "que los beneficios del tercer trimestre serían inferiores a los del año anterior".

Lo miré con escepticismo. "¿El mero *interés* en una mina canadiense justifica una subida del precio de las acciones de 12 a 95? ¿Y una previsión de reducción de los beneficios justifica una caída de casi el 50%?".

Se encogió de hombros. "Probablemente no", admitió. "Pero así es la naturaleza del mercado bursátil. No nos corresponde a nosotros razonar por qué".

Le dije que había comprado Moore-McCormack cuando subía a 34 ½ y que la vendí cuando bajaba a 85, justo antes de que la acción se desplomara. Me miró con envidia y me preguntó: "¿Quién te informó sobre la empresa minera?". Le dije que no sabía absolutamente nada sobre la mina de Quebec hasta que él me lo había contado unos momentos antes. Me miró con incredulidad. "Estás bromeando. ¿Quieres decir que compraste las acciones sin saber nada de lo que estaba pasando?". Le aseguré que así era. Tenía la impresión de que Moore-McCormack era una empresa de transporte. Casi se atraganta con su gin-tonic. Cuando nos despedimos, estaba convencido de que yo era el inversor bursátil más ingenuo, poco sofisticado y temerario que había conocido jamás, y que necesitaba que me miraran la cabeza.

Pero lo cierto es que había comprado las acciones de Moore-McCormack únicamente basándome en su comportamiento en el mercado y en completa ignorancia de las actividades y antecedentes de la empresa. Aun así, salí con una ganancia considerable, habiendo más que duplicado mi dinero en seis meses. Si hubiera analizado los fundamentos en detalle, probablemente habría concluido que la empresa era demasiado rutinaria o demasiado especulativa, y habría perdido la oportunidad de ganar una suma importante. En el mercado de valores, como en algunos otros ámbitos, a veces es mejor no saber demasiado.

Dar•Card©

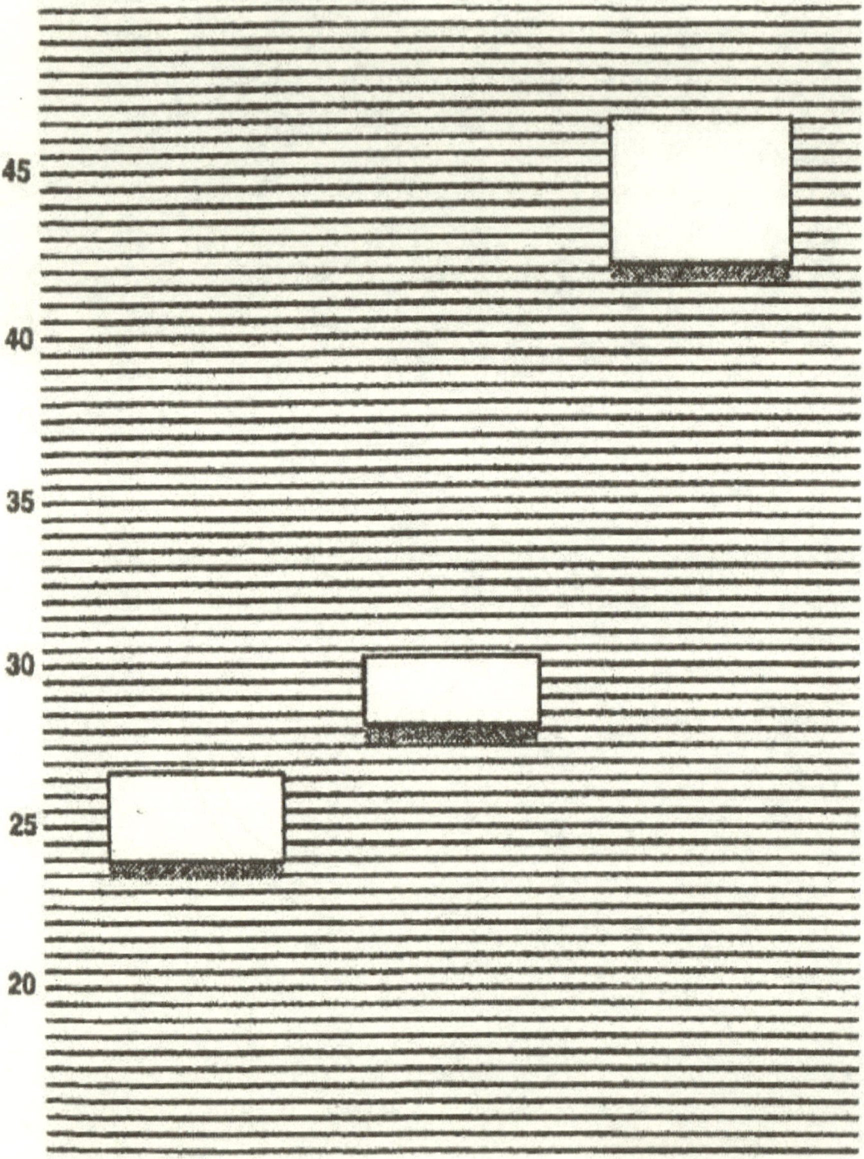

Moore-McCormack
March 1975

(Split 2 for 1 in 1975)

Past Price Range

1973	18⅜	10½
1974	34½	12⅜
1975	95⅞	27⅞
	High	Low

Capítulo ocho

En mis conversaciones con otras personas sobre el mercado de valores, me llamó la atención cuántas de ellas creían que ya no tenían ninguna posibilidad de ganar dinero con las acciones. "El mercado está ahora completamente dominado por las instituciones", me decían una y otra vez. "El gran capital institucional ha tomado el control. La era de los pequeños inversores ha terminado".

¿Es esto realmente cierto? Si lo fuera, entonces yo, y todos los demás inversores privados como yo, estaríamos desperdiciando tiempo y dinero en el mercado de valores. Sin embargo, cuando examinamos los hechos, encontramos que la verdad es precisamente lo contrario de lo que se cree tan ampliamente.

La idea de que los inversores privados se enfrentan a poderosas instituciones y, por lo tanto, no pueden esperar tener éxito, se basa en un malentendido fundamental sobre los objetivos y la actitud de las instituciones. Las instituciones no se preocupan principalmente por obtener grandes ganancias de capital o "ganarle al mercado". Su principal objetivo es la seguridad y unos ingresos estables. Cuando estalló la burbuja especulativa de la década de 1960, dejó tras de sí muchos dedos quemados y carreras truncadas, y desde entonces se ha puesto el énfasis en la solidez, la seguridad y, en el mejor de los casos, una rentabilidad media anual de alrededor del 9%.

Como resultado, las instituciones no suelen estar interesadas en buscar acciones de crecimiento o en perseguir una revalorización sustancial del capital. En cambio, se centran en determinar la dirección probable del mercado en su conjunto. Una vez que se convencen de que el mercado está al alza, simplemente compran una cesta de acciones blue chip conocidas. Dejan de lado las acciones de crecimiento emergentes, descartándolas por "demasiado especulativas".

Aunque esta actuación pueda parecer poco imaginativa, en realidad no tienen muchas opciones. Las instituciones tienen sumas tan enormes para invertir que se ven obligadas a seleccionar empresas con grandes bloques de acciones en circulación. Una institución con 500 millones de dólares para invertir no puede invertirlos en una empresa con solo dos millones de acciones en circulación. Cuando llega el momento de vender, surge un problema aún mayor. ¿Cómo puede una institución deshacerse de acciones por valor de 10 millones de dólares en un mercado a la baja? Muy a menudo, la respuesta es que no puede. No se pueden vender acciones por valor de 10 millones de dólares como si fueran 10 000 dólares. Como resultado, las instituciones no suelen tener más remedio que quedarse con sus carteras en las buenas y en las malas, de ahí su rendimiento poco emocionante.

La pesadilla de un gestor institucional es comprar una acción desconocida que considera que tiene grandes perspectivas de crecimiento, ver cómo su precio cae a cero de la noche a la mañana y tener que explicar y justificar su acción ante el consejo de administración. Por eso, juega sobre seguro, compra U.S. Steel, IBM, Exxon, ITT y similares, y las mantiene durante al menos cinco años, si no para siempre.

Argumenta que, si compra FIT, nadie podrá acusarlo de ser un jugador imprudente e impetuoso, incluso si el precio de ITT cae un 50%. Así que está cubierto. Y, por supuesto, ITT queda bien en la cartera de acciones de la institución. Es sólida, segura, reconfortante y e mente rentable. No importa si la acción está muy por debajo de su precio de compra. Es solo una desgracia; nadie puede culparlo por ello.

Los inversores privados, como yo, y las instituciones son animales completamente diferentes. Nuestros objetivos y metas son diametralmente opuestos. Nunca, ni en un millón de años, compraría las acciones que compran las instituciones, y por eso nunca siento que estoy librando una batalla desigual con ellas. Ellas tienen sus objetivos y yo tengo los míos. Ellas compran y venden sus acciones, y yo compro y vendo las mías. Vivimos en mundos diferentes.

Nuestras actividades son bastante independientes y nunca he sentido que me presionaran o dominaran. Al contrario, siento bastante lástima por ellos, ya que se ven obligados a operar dentro de unas restricciones rígidas, mientras que yo soy libre de actuar más o menos como deseo.

¿Puede el inversor privado seguir triunfando en el mercado? Mi experiencia con Moore-McCormack demuestra que sin duda puede. Es más, tiene varios factores importantes a su favor.

En primer lugar, tiene agilidad y flexibilidad. Puede pasar rápidamente de una acción a otra y comprar o vender en cualquier momento sin gran dificultad. Las instituciones, lastradas por sus grandes carteras, no pueden comprar, vender o cambiar de posición con la misma facilidad.

En segundo lugar, el inversor privado puede mantener una liquidez total durante largos periodos cuando el mercado está en tendencia bajista, en momentos en los que lo mejor es no tener acciones. Las instituciones, por el contrario, se ven generalmente obligadas a mantener al menos una parte de sus inversiones independientemente de las condiciones del mercado y, a menudo, se encuentran efectivamente bloqueadas.

En tercer lugar, el pequeño inversor puede centrarse en empresas más pequeñas y de segunda línea con mayor potencial de crecimiento y no necesita diversificar en exceso. Puede concentrarse en tres o cuatro acciones prometedoras en lugar de diluir su capital entre una amplia gama de participaciones, como hacen las instituciones, y obtener así solo resultados mediocres.

Por lo tanto, por sorprendente que parezca, las posibilidades de que el inversor privado gane dinero en el mercado son, de hecho, mejores que las de las instituciones.

Es cierto que las instituciones poseen un formidable hardware de inversión: ordenadores, datos estadísticos sofisticados, la información más reciente y el mejor asesoramiento profesional. Sin embargo, a pesar de todas estas ventajas aparentes, siguen siendo tan falibles como siempre. En 1972, se pidió a más de cien instituciones financieras que nombraran sus acciones favoritas para 1973. Si hubiera invertido cantidades iguales en sus recomendaciones, habría perdido más del 40% de su dinero en los doce meses siguientes.

A pesar de su costoso equipamiento, las instituciones siguen siendo capaces de cometer errores muy costosos. Por cierto, un resultado muy similar se obtuvo en una encuesta similar realizada en 1932. *Plus ça change, plus c'est la même chose*: cuanto más cambian las cosas, más permanecen igual, como dice el refrán.

Si el pequeño inversor ha abandonado el mercado de valores no es porque las instituciones lo hayan desplazado, sino porque ha sufrido pérdidas tan devastadoras en los dos últimos mercados bajistas que se ha desilusionado. En estas circunstancias, es humano intentar encontrar un chivo expiatorio, y las instituciones son un blanco fácil al que culpar de su desgracia. Sin embargo, esto nunca habría ocurrido si la gente hubiera seguido el sencillo consejo que di hace más de quince años: nunca entre en el mercado sin protegerse contra las pérdidas.

Mi consejo ahora es tan sencillo y directo como lo era entonces: cuando compres acciones, ten siempre presente, no las grandes ganancias que vas a obtener, sino la posibilidad de que tus acciones puedan perder el 50% de su valor muy rápidamente. Nunca dejes que esto te suceda. Establece un stop-loss, aunque solo sea mental, de modo que vendas cualquier acción que haya caído un 20% por debajo de su precio más alto. Con estas sencillas precauciones, nunca sufrirás grandes pérdidas en un mercado bajista, mantener acciones nunca se convertirá en una pesadilla y podrás olvidarte de las instituciones.

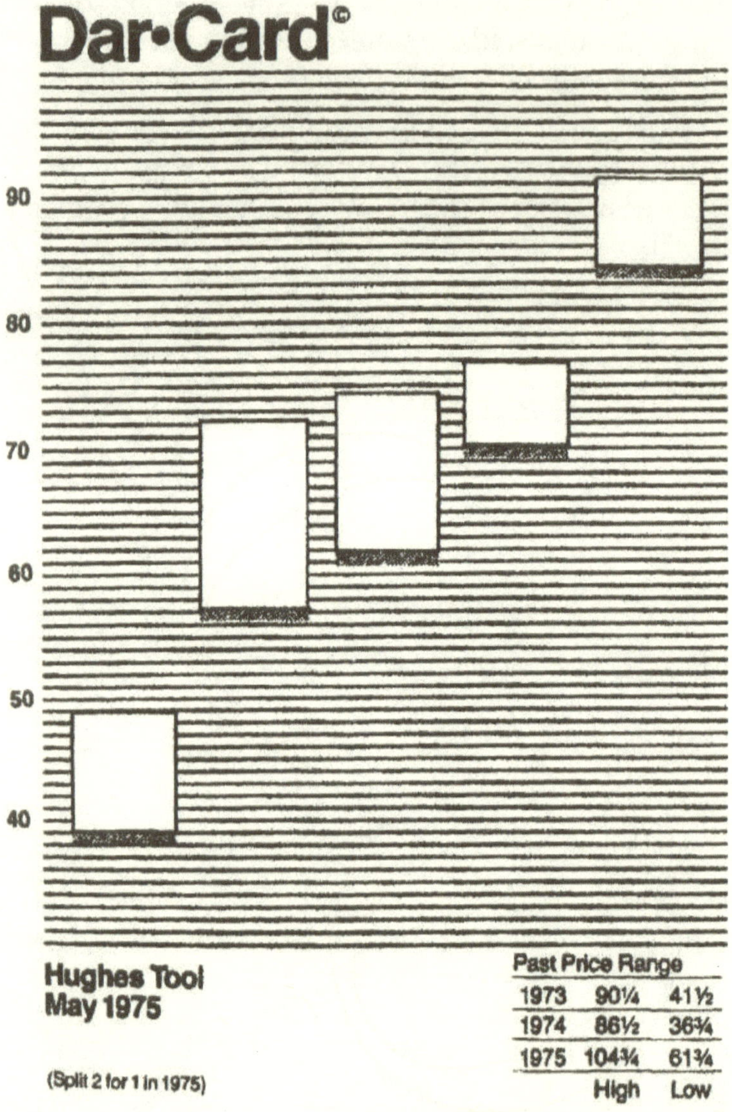

El conocido físico estadounidense Richard Feynman comparó una vez al científico con un observador que ve a dos hombres jugando al ajedrez dentro de una cabina de cristal. El observador no sabe en qué consiste el juego ni puede oír lo que dicen los jugadores; lo único que puede hacer es observarlos desde fuera. Sin embargo, con el paso del tiempo, puede deducir las reglas del juego y, por lo tanto, predecir quién será el ganador.

Mi enfoque del mercado es muy similar. Observo las acciones, veo cómo se mueven y selecciono aquellas cuyo comportamiento las distingue como futuras ganadoras.

Pero incluso el científico puede malinterpretar lo que ve, ya sea por ilusiones, prejuicios, falta de atención o por pasar por alto algún detalle de vital importancia. Del mismo modo, es posible interpretar erróneamente los movimientos de una acción y acabar eligiendo una que no se comporte como se esperaba. Es inevitable. No hay nada seguro en el mercado; por eso siempre hay que contar con un *stop-loss*.

Una vez cometido el error, lo sensato es liquidar la posición, lamerse las heridas y buscar otra oportunidad. Sin embargo, por muy lógico que esto parezca, en algunas ocasiones —en contra de toda razón— he agravado mi error inicial volviendo a por más castigo. Salí magullado, maltrecho y profundamente herido, preguntándome con tristeza cómo había podido perder el juicio. Una de mis experiencias más traumáticas y dolorosas fue con Hughes Tool.

"Las acciones que suben primero en un mercado alcista son las que hay que comprar". ¡Cuántas veces he oído esta frase! Es casi uno de los diez mandamientos del mercado. Sin duda, a menudo es cierta, pero "a menudo" no basta para garantizar una ganancia segura. Incluso si se cumple el 99 % de las veces, ese 1 % de margen de error puede ser suficiente para provocar un desastre. Y eso fue exactamente lo que me ocurrió.

Al observar el mercado en el otoño de 1974, advertí que Hughes Tool había subido desde un mínimo cercano a 36 en septiembre hasta alrededor de 72 en noviembre, mientras los índices generales seguían cayendo. Durante ese mismo período, Houston Oil and Minerals —que cotizaba en la Bolsa de Valores de Estados Unidos— pasó de aproximadamente 12½ a más de 32.

Por ello, un mes más tarde, cuando el mercado en su conjunto dio la vuelta y comenzó a subir, no me cabía duda de que esas eran las acciones que había que comprar. Si habían logrado duplicarse en los meses previos al inicio del mercado alcista, sin duda se dispararían cuando este entrara plenamente en marcha.

Casualmente, me encontraba en Nueva York en ese momento —un error fatal, como se vería después—, por lo que tenía a mi Broker al alcance del teléfono. Estaba impaciente. *Era pan comido*, me dije a mí mismo.

Cogí el teléfono y, con confianza, le di instrucciones a mi corredor para que comprara Hughes Tool a 73, con un stop-loss a 71½. La acción se compró debidamente para mí y, tres días después, se vendió. Había bajado a 69.

Me quedé estupefacto. Estaba seguro de que era la acción adecuada, pero nada más cruzar la puerta principal, me echó sin contemplaciones por la ventana.

Cualquier persona prudente, tras recibir un golpe en la nariz por parte del "portero" de la puerta, habría tenido el sentido común de mantenerse alejada. Pero yo no. Me dije a mí mismo que se trataba de una acción fabulosamente fuerte, tan fuerte que ya se había duplicado y, por lo tanto, *tenía* que subir aún más ahora que la confianza había vuelto al mercado. Lo intentaría de nuevo.

Me sacudí el polvo y le di instrucciones a mi corredor para que la comprara de nuevo a 73¼, con un stop-loss a 71½. Una vez más, me compraron la acción y, una vez más, en cuestión de días, me la vendieron.

He aprendido por experiencia que hay ciertas acciones con las que simplemente no puedo lidiar, y después de dos intentos fallidos, en los que me rompí los dientes con la piedra, normalmente las dejaría en paz. Pero esta vez no. Estaba tan hipnotizado por la fortaleza inicial de la acción que no podía dejarla pasar. Eché la precaución por la ventana. No esperé nada: ni cajas, ni penetraciones, ni volumen, nada en absoluto. Cada vez que subía, compraba, y cada vez, unos días después, volvía a vender. Estaba constantemente al teléfono con mi Bróker, subiendo y bajando con Hughes Tool como un ascensorista.

La compré nada menos que cuatro veces en cuestión de semanas y cada vez me detuvieron. La acción continuó con este comportamiento enloquecedor durante semanas, moviéndose lateralmente mientras el resto del mercado subía cada vez más.

Finalmente, en marzo, aturdido, entumecido y desmoralizado, decidí dejarlo. Hughes Tool puede que fuera madrugadora, reflexioné, pero simplemente se había vuelto a dormir tan pronto como salió el sol en el mercado. Adiós a la teoría de la madrugadora, me dije con amargura.

Lo que sucedió después solo sirvió para echar sal en mis heridas. Hughes Tool subió más de 80 en abril, más de 90 en junio y más de 100 en agosto, y luego se dividió dos por uno. ¡Era como si esa acción hubiera estado esperando a que yo perdiera la paciencia para despegar! Ahora me estremezco cada vez que lo pienso, no por el comportamiento de la acción, sino por mi propio comportamiento.

Las personas que no aprenden de sus errores suelen estar condenadas a repetirlos. Increíblemente, había vuelto a cometer todos los errores que creía haber superado años atrás. Estaba en Nueva York, cerca del mercado; constantemente al teléfono con mi Bróker; desviándome de mi enfoque probado; y volviendo estúpidamente a por más castigo. Me merecía una paliza.

Afortunadamente, me aseguré de sufrir solo pequeñas pérdidas cada vez que vendía, el único aspecto de mi comportamiento que, afortunadamente, no abandoné.

Las lecciones de esta dolorosa experiencia son obvias. Debes tener un sistema, un conjunto de reglas que guíen tu comportamiento al comprar acciones. Cualquier sistema es mejor que ninguno, y todos los sistemas deben incluir un *stop-loss*. Entrar en el mercado sin reglas, o abandonarlas a mitad de camino sin una buena razón, es como zarpar en un barco sin timón: quedas a la deriva, sin rumbo, a merced del viento y las mareas y, tarde o temprano, terminas hundiéndote.

Capítulo diez

Después de casi triplicar su valor —de alrededor de 11 a 32½ en solo dos meses, entre septiembre y noviembre de 1974—, Houston Oil and Minerals había entrado en un letargo silencioso. Mientras luchaba con Hughes Tool y salía perdiendo, mantuve una mirada atenta sobre Houston Oil para ver si solo estaba tomando un respiro antes de otro avance espectacular o si el espectáculo había terminado y yo había perdido mi oportunidad. Habiendo aprendido una dura lección con Hughes Tool, estaba decidido a no volver a hacer el ridículo por segunda vez. Esta vez sería paciente, vigilante y disciplinado. Me ceñiría estrictamente a mi método y no me precipitaría.

Pero Houston Oil estuvo a la altura del desafío. Mes tras mes no hizo nada en absoluto. Era casi como si conociera mis intenciones y estuviera decidida a darme una lección. Durante todo el año 1974, Houston Oil y yo nos miramos fríamente, cada uno esperando a que el otro diera el primer paso. Éramos como el forajido y el sheriff enfrentados en extremos opuestos de la calle principal, con las manos sobre sus Colt .45, esperando a que el otro desenfundara. El máximo de la acción era 32½, y decidí que no actuaría hasta que se superara ese nivel de forma decisiva.

En octubre llevaba más de seis meses esperando y aún no había pasado nada. La mayoría de la gente habría desistido para entonces, habría descartado las acciones como algo del pasado y habría centrado su atención en otra cosa. Pero para mí, esperar es simplemente otra forma de actuar. Es una parte esencial de mi arsenal bursátil. La capacidad de sentarse y esperar a que llegue la oportunidad adecuada es una condición necesaria para el éxito. Intuí que Houston Oil, al igual que Hughes Tool antes, estaba esperando a que yo perdiera la paciencia para salir de su cascarón.

Estaba decidida a poner a prueba mi paciencia hasta el límite y luego disparar en el momento en que yo le diera la espalda. Se estaba perfilando como una auténtica batalla de ingenio, paciencia y táctica.

A mediados de octubre, las acciones subieron hasta $32\frac{1}{8}$, como si me tentaran deliberadamente a comprar demasiado pronto en previsión de una ruptura. Estaba ansioso por hacerlo. Había esperado tanto tiempo que el dinero me quemaba en los bolsillos. Pero me contuve, y en pocos días el precio volvió a bajar.

Ahora estaba totalmente en guardia. Houston Oil estaba jugando conmigo; lo sentía. Era como si esa maldita acción supiera que había hecho el ridículo con Hughes Tool y estuviera decidida a atraerme para que repitiera el error. Apenas podía creer lo que veían mis ojos. Me estaban provocando, incitándome a cometer un error.

De repente, en la segunda semana de noviembre, el precio subió a $32\frac{1}{2}$, solo medio punto por encima del máximo de su rango. Normalmente, eso habría sido una señal para comprar, pero a esas alturas ya conocía esa acción y decidí contenerme y esperar una penetración más decisiva. No iba a disparar mi arma todavía.

Qué razón tenía. La acción volvió a caer por debajo del máximo del rango y, en las semanas siguientes, nunca superó los 27-28. Si hubiera comprado en la primera penetración, me habrían sacado del mercado en cuestión de días, igual que me había pasado con Hughes Tool. Sonreí con ironía. Primera ronda para mí, pensé. Instintivamente, sentí que había tomado la medida de esta acción. Había intentado burlarme, engañarme, agotarme y ser más lista que yo, pero había fracasado. Sentí que la batalla estaba a punto de comenzar.

Tenía razón. A mediados de enero de 1976, más de un año después de su subida inicial, Houston Oil se disparó hasta los $34\frac{1}{2}$. Era el momento. Envié rápidamente una orden a mi corredor para comprar 800 acciones en el mercado, con un stop-loss del 10%.

El precio se estabilizó entonces en un rango de 33-35½, seguido a principios de febrero por un nuevo rango de 35-40. Mi stop-loss nunca se activó. En un par de semanas, el precio rozaba los 45 y, en marzo, tras una división de cinco por cuatro, había alcanzado el equivalente a 50.

Estaba en una nube. ¡Había ganado! Mi larga y tediosa espera, mi enfrentamiento cara a cara con las acciones, había dado sus frutos. Solo dos meses después de comprarlas, el precio ya era un 50 % superior al que había pagado por ellas. Dos meses más tarde, cuando las acciones subieron hasta situarse entre 54 y 63, había casi duplicado mi dinero. La larga espera había merecido la pena. (En el momento de escribir este artículo, había superado los 70, lo que equivale a 87 ½ antes del ajuste por la división de cinco por cuatro).

Houston Oil me devolvió la confianza después de la paliza que me había dado Hughes Tool. También me hizo ver con mayor claridad algo que antes solo intuía vagamente: hay que conocer las acciones. Con esto no me refiero a que haya que conocer la empresa, sus productos, su historia o su gestión. Me refiero, literalmente, a que hay que conocer la personalidad de las acciones que se compran: sus idiosincrasias, sus estados de ánimo y sus patrones de comportamiento característicos.

Puede parecer exagerado, pero lo cierto es que dos acciones pueden comportarse de forma tan diferente como el agua y el aceite en el mercado, aunque sean prácticamente idénticas en todos los demás aspectos. Algunas son lentas, letárgicas y casi apáticas; otras son volátiles, inquietas y nerviosas, y reaccionan bruscamente ante el más mínimo cambio.

Me había familiarizado completamente con Houston Oil y su comportamiento a lo largo de muchos años, y sabía lo complicado que podía llegar a ser. Mi conocimiento de la acción, adquirido gracias a la observación minuciosa de su comportamiento pasado, me permitió ir un paso por delante en cada etapa. Fue esta intimidad la que se convirtió en el arma con la que salí victorioso.

Dar•Card©

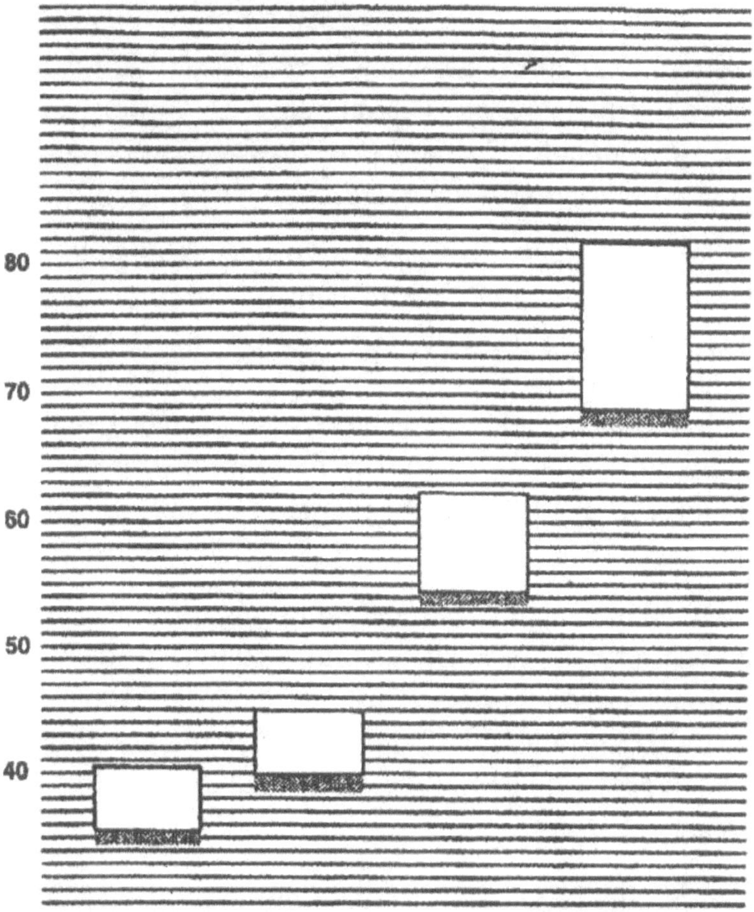

Houston Oil and Minerals
July 1976

(Split 2 for 1 in 1973
Split 2 for 1 in 1974)

Past Price Range

1973	68⅞	28½
1974	32½	11⅝
1975	32	19⅞
	High	Low

¡Era como en los viejos tiempos! Volví a sentir la emoción que había experimentado por primera vez en los años cincuenta, cuando vi cómo mis primeras acciones "Darvas" se disparaban a cotas inimaginables. Houston Oil me dio el impulso que necesitaba en ese momento. No había perdido mi instinto; todavía podía luchar con las acciones y salir victorioso.

Después de que se publicara mi primer libro, mucha gente me escribió para decirme que simplemente había tenido suerte. Había entrado en el mercado durante el auge de los años cincuenta, cuando estaba surgiendo una oleada de acciones nuevas y emocionantes. Había llegado en plena era de la "electrónica", cuando innumerables acciones de este sector se multiplicaron casi por diez, nombres como Texas Instruments, Fairchild Camera y Zenith Radio.

Al parecer, no había sido especialmente astuto, sino que simplemente había tenido la suerte de estar en el lugar adecuado en el momento adecuado. Pero, según me decían una y otra vez, aquellos días habían terminado. ¿Tendría la misma "suerte" en la volátil década de 1970 que aparentemente había disfrutado en la floreciente década de 1950?

¡Pero esos días no han terminado! Siempre hay acciones "Darvas" por ahí. Nunca faltan oportunidades emocionantes para ganar mucho dinero en el mercado. La era de la electrónica y el espacio no terminó en la década de 1950, sino que sigue con nosotros. No hay límite para la versatilidad y la inventiva humanas. A la electrónica le siguieron los ordenadores, los semiconductores, los láseres, los misiles, los satélites y formas de tecnología cada vez más sofisticadas.

Mientras haya descubrimientos, avances, modas y tendencias, siempre habrá acciones "Darvas". El arte consiste en encontrarlas en una fase temprana y subirse a tiempo al carro para aprovechar su subida. Están ahí, esperando a ser descubiertas.

Encontrar estas acciones no es como buscar la proverbial aguja en un pajar; envían constantemente “señales”, esperando ser captadas por las antenas del observador atento del mercado. Las subidas repentinas del precio y el volumen, un rendimiento relativo inusualmente fuerte y un movimiento contrario a la tendencia general del mercado son señales inequívocas de que una acción puede estar preparándose para despegar.

Incluso mientras Houston Oil y yo nos mirábamos con recelo desde rincones opuestos del ring, nunca abandoné mi rutina diaria de revisar las tablas del mercado de valores en busca de candidatos prometedores. Tengo la costumbre de dedicar al menos media hora al día a esta tarea y la considero absolutamente esencial. Solo mediante un escaneo regular se puede entrenar la vista para detectar cambios significativos. Una vez que los ojos se familiarizan con la disposición de los muebles en una habitación, se nota inmediatamente cuando se ha movido algo.

En los últimos días de septiembre de 1976, el mercado se derrumbó repentinamente, tomando a todos por sorpresa una vez más. Durante la mayor parte del año, el Dow había estado oscilando alrededor del nivel de 1000, sin poder avanzar de forma sostenida. Entonces, sin previo aviso, rompió al alza, alcanzando un nuevo máximo de tres años y medio con un volumen de treinta millones de acciones, dando todas las apariencias de haber sacudido finalmente su letargo.

Pero se trataba de otra de las crueles trampas del mercado: una clásica trampa alcista. En pocas semanas, el índice se desplomó más de ochenta puntos hasta alcanzar su mínimo en nueve meses, pillando a los inversores completamente desprevenidos. Tras fingir con la derecha, el mercado asestó un directo con la izquierda, dejando a los inversores atónitos, aturdidos y desconcertados por la repentina magnitud del golpe.

Así, el mercado alcista que había comenzado de manera tan espectacular e inesperada en el otoño de 1974 terminó de forma igualmente espectacular e inesperada en el otoño de 1976. Cuando eso ocurrió, yo solo mantenía tres acciones: Houston Oil (compradas a 34 y ahora en 70 tras una división de cinco por cuatro), Teledyne (compradas a 27½ y ahora en 68) y Mitchell Energy and Development (compradas a 27 y ahora en 41), cada una protegida por un *stop-loss* cuidadosamente situado para hacer frente precisamente a un revés del mercado como aquel.

A pesar de la debilidad general del mercado, mis acciones se comportaron notablemente bien, manteniéndose cerca de sus máximos anuales. De este mercado alcista de dos años —con todas sus sorpresas, pruebas, dilemas y frustraciones— obtuve una ganancia considerable.

Sin embargo, lo que me satisfacía aún más era saber que había vuelto a encontrar acciones "Darvas". ¿Otra "suerte inesperada"? Quizás. Pero el método que utilicé no era diferente del que había empleado unos veinte años antes, cuando experimenté mis primeras "suertes inesperadas". Simplemente compré acciones sólidas en industrias en desarrollo durante un mercado alcista y me protegí en cada etapa contra una posible caída. Era tan simple como eso.

Puede que la suerte haya influido, pero en lo que a mí respecta, mi éxito se debió enteramente a un enfoque sistemático, combinado con una cautela innata nacida de la experiencia. Los mercados, las empresas, los productos, los gobiernos, incluso economías enteras pueden cambiar, pero no me cabe duda de que siempre habrá acciones "Darvas" esperando a que las descubra un inversor perspicaz.

Aún se puede triunfar en el mercado.

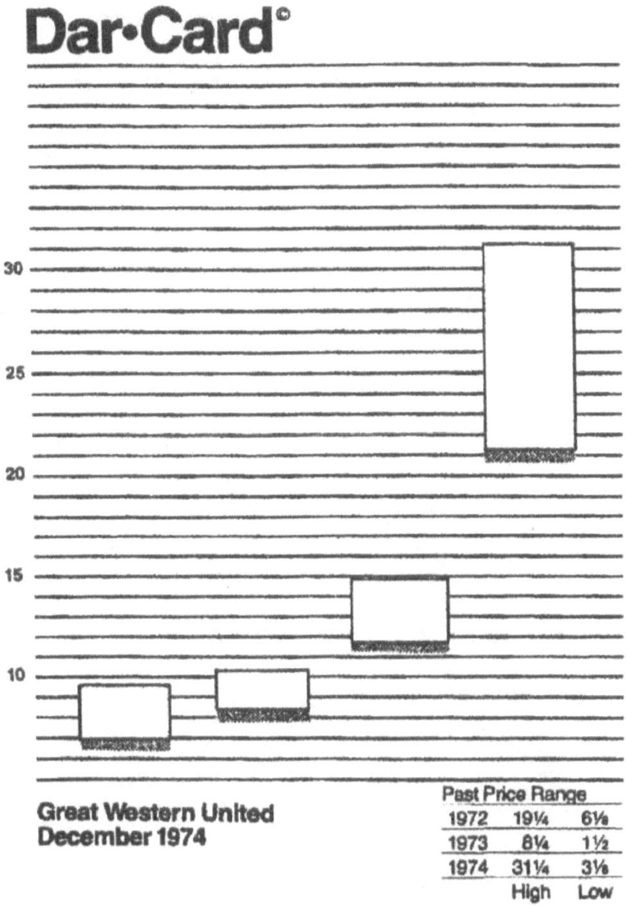

Capítulo doce

En el Hotel George V de París, donde vivo desde hace unos treinta años, tengo dos buenos amigos, el Sr. Falcucci, director del hotel, y el Sr. Klein, director de recepción. De vez en cuando nos reunimos en el salón para tomar una copa y charlar. Una noche, mientras manteníamos una de nuestras tranquilas conversaciones, el Sr. Falcucci, de forma totalmente inesperada, me dijo de repente: “Tengo entendido que está escribiendo otro libro sobre el mercado de valores”.

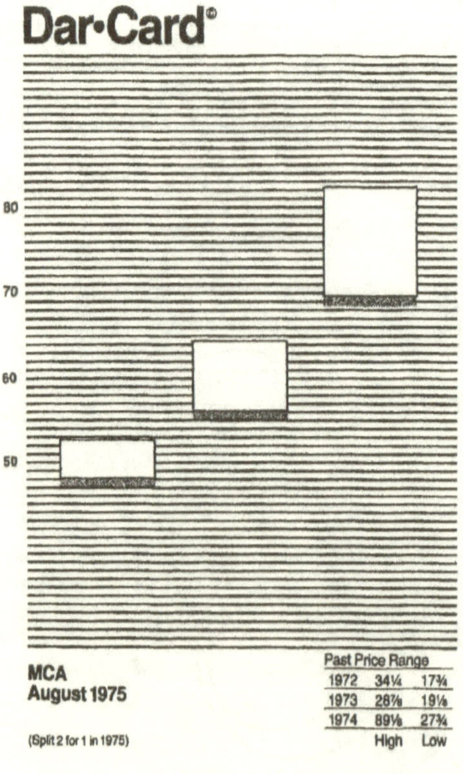

Había estado preguntando a varios huéspedes sobre sus problemas y experiencias en el mercado de valores, así que supuse que se había corrido la voz.

"Sí, es cierto", respondí, "por ahora solo estoy recopilando material para él".

"Me interesaría mucho conocer su opinión sobre mi cartera", dijo.

Me senté sorprendido. Era la primera vez que oía hablar al Sr. Falcucci de mezclar las acciones con la gestión hotelera. No se me había ocurrido preguntarle por sus experiencias en el mercado de valores.

"No tenía ni idea de que tenías acciones. ¿Por qué no me lo habías mencionado antes?", le pregunté.

"A menudo había pensado en pedirle consejo sobre mis acciones, pero se me olvidó".

"Las acciones nunca deben olvidarse; hay que estar pendiente de ellas en todo momento".

"Bueno, tengo otras cosas en las que pensar. Simplemente guardé mis acciones en el cajón de abajo y supuse que se cuidarían solas y que, con el tiempo, me proporcionarían un colchón financiero para mi jubilación".

"¿Cómo has conseguido estas acciones? ¿Qué te llevó a comprarlas?".

"Oh, los estadounidenses ricos que pasaban por aquí a menudo me daban consejos sobre el mercado de valores. Yo compraba todo lo que me recomendaban", respondió.

A esas alturas, estaba muy interesado. "Me encantaría ver lo que ha adquirido a lo largo de los años. ¿Podría mostrarme una lista de sus activos?".

"Por supuesto", respondió alegremente. "Quedemos aquí mañana por la noche y lo hablamos".

"Quedamos así".

Mientras manteníamos esta conversación, el Sr. Klein había estado escuchando con gran atención sin decir nada. De repente, intervino. "¿Puedo traer también mi cartera?", preguntó.

Me quedé desconcertado. "¿Qué? ¿Usted también?", exclamé.

"Sí, yo también he acumulado una cartera de acciones de la misma manera a lo largo de muchos años. También le agradecería su consejo".

"Bueno, tráigalo mañana por la noche también", le dije.

Era más de medianoche cuando nos dimos la mano y se marcharon, dejándome con mis pensamientos. "Qué coincidencia", pensé para mis adentros. El gerente y el director de recepción de uno de los hoteles más elegantes y cosmopolitas del mundo con carteras de acciones recomendadas por algunas de las personas más ricas de Estados Unidos. ¿Cómo serían? ¿Una aburrida lista de valores conservadores y seguros, una colección sin valor de acciones sin importancia o una cueva de Alí Babá con algunas de las mejores acciones de la historia? Podría ser sensacional. Estaba impaciente por que llegara la noche siguiente.

Cuando nos reunimos a la noche siguiente, estaba tenso por la emoción. Tanto el Sr. Falcucci como el Sr. Klein habían escrito sus carteras en hojas de papel con la fecha de compra indicada para cada acción. Las revisé rápidamente. Mi primera impresión al examinar las largas listas de acciones fue la gran cantidad de participaciones que tenían. Cada lista contenía veinte acciones.

Era una diversificación descabellada.

"¿Por qué compraron tantas acciones?", pregunté con asombro.

"Por seguridad", respondieron. Sus clientes, me dijeron, les aconsejaban invertir en un gran número de acciones para "repartir el riesgo".

Intenté explicarles que se trataba de un mal consejo y que revelaba un completo desconocimiento de la naturaleza de las acciones. En la práctica, les dije, el único riesgo contra el que protege la diversificación es la remota posibilidad de que una de las empresas cuyas acciones posees quiebre. Sin embargo, en un mercado bajista, la diversificación no ofrece ninguna protección: prácticamente todas las acciones, con pocas excepciones, bajarán.

Para empeorar las cosas, les dije, la diversificación tiene serias desventajas. En primer lugar, al repartir el capital entre un gran número de acciones, se garantiza prácticamente un resultado medio en el mejor de los casos, ya que en cualquier cartera las ganancias importantes suelen provenir solo de un pequeño número de participaciones. El resto no sirve para nada y solo lastra el rendimiento global.

Tanto el Sr. Falcucci como el Sr. Klein se mostraron sorprendidos por esta opinión.

"Seguramente no estará sugiriendo que invirtamos todo nuestro dinero en solo dos o tres acciones".

"No, por supuesto que no", respondí. "No hay nada de malo en hacer una compra "piloto" de todas las acciones que le han recomendado. Pero eso no debería ser el final del asunto".

Le expliqué que, una vez comprada una colección tan amplia de acciones, el procedimiento correcto era vender aquellas que bajaban, se estancaban o no rendían como se esperaba, y reinvertir las ganancias en las que sí rendían, es decir, las que subían.

"Por lo general, he observado que las fuertes se hacen más fuertes y las débiles se hacen más débiles", dije.

"En segundo lugar, ambos son hombres ocupados, así que ¿cómo pueden estar pendientes de tantas acciones?", les pregunté. "Algunas de ellas podrían caer a cero sin que ustedes se dieran cuenta".

Admitieron que no se les había ocurrido. Después de todo, dijeron, las acciones habían sido recomendadas por los mejores.

"No hay nada seguro en el mercado", respondí. "A pesar del análisis más minucioso, la información más fiable y por muy impecable que sea la fuente, las acciones tienen la molesta costumbre de hacer exactamente lo contrario de lo que se espera. El precio de la seguridad es la vigilancia eterna, si me permiten adaptar una frase. Deben vigilar constantemente sus acciones. Por eso es esencial tener una cartera pequeña".

Hice una analogía con una clase de niños revoltosos. La disciplina, dije, probablemente sea mucho mejor en una clase de cinco alumnos que en una de treinta. Si un alumno se porta mal, el profesor puede identificar inmediatamente al infractor y tomar medidas correctivas. Sin embargo, en una clase de treinta alumnos, cuando comienza el mal comportamiento, el profesor apenas sabe a quién atender primero.

"Sé que mis acciones van a empezar a comportarse mal tarde o temprano, así que, por paradójico que parezca, cuantas menos tenga, más seguro me siento. Este es un caso en el que, sin duda, la seguridad no está en los números", dije riendo.

Poco a poco, el Sr. Falcucci y el Sr. Klein empezaron a darse cuenta de que la inversión en acciones era algo más que dar una orden a un corredor y extender un cheque.

"Pero me costaría mucho invertir todo mi dinero en dos o tres acciones", reflexionó el Sr. Klein. "Me parece una idea muy, muy arriesgada".

El Sr. Falcucci se mostró de acuerdo. "Me daría mucho miedo pensar que todo mi dinero dependiera del destino de un par de acciones. No podría dormir por las noches".

"Tienes toda la razón al pensar así", le respondí. "Si crees que tengo nervios de acero, te equivocas. No ha nacido aún nadie más cobarde que yo en el mercado de valores. Por eso he desarrollado el stop-loss hasta convertirlo en un arte".

Tuve que explicarles qué era un stop-loss.

"Ninguna acción sube indefinidamente", señalé. "Como dicen en Wall Street, "ningún árbol crece hasta el cielo". Una acción puede estar en tendencia alcista hoy, pero no hay forma de saber cuándo dejará de estarlo y comenzará a bajar. Desde que descubrí al principio de mi carrera en el mercado de valores que no vender una acción en caída es una de las principales razones de los malos resultados de las inversiones, hace tiempo que adopté un mecanismo de seguridad automático para vender cualquier acción que no pareciera comportarse correctamente. Simplemente le di instrucciones a mi Bróker por adelantado para que vendiera mis acciones si el precio caía por debajo de un determinado nivel. Esto me liberó del dilema de cuándo vender. Mi stop-loss tomó la decisión por mí y no perdí el sueño preocupándome por ello".

También estaba a punto de señalar que el stop-loss tenía otra enorme ventaja, una que me había hecho decidir no prescindir nunca de él: me obligaba a salir rápidamente de los mercados bajistas, antes de que se produjeran pérdidas graves. Fue esta disciplina de recortar rápidamente las pérdidas lo que me salvó de los estragos de los aterradores mercados bajistas de los años sesenta y setenta.

Entonces se me ocurrió que el Sr. Falcucci y el Sr. Klein probablemente ni siquiera eran conscientes de que hubiera habido mercados bajistas. Cuando la ignorancia es felicidad, es una locura ser sabio.

"¿Qué opinas de las carteras?", preguntó el Sr. Klein con interés.

"Sus carteras son un buen ejemplo de la excelencia y la inutilidad de los consejos", respondí.

El Sr. Klein estaba claramente desconcertado por la aparente contradicción de mi respuesta.

"¿Qué quiere decir?", preguntó.

"Prácticamente todas las acciones de su cartera podrían haberle hecho ganar una fortuna, *si* las hubiera comprado y vendido en el momento adecuado", respondí. "Por desgracia, los consejos nunca se dan de esa forma. Lo que suele ocurrir es que alguien le insta a comprar una acción concreta por una u otra razón que considera válida. Pero cuando el consejo le llega, es posible que el precio ya haya alcanzado su máximo y haya comenzado a bajar. En ese momento, es demasiado tarde para comprar y lo mejor es mantenerse alejado.

O puede que la compres cuando está subiendo, pero no consigas venderla en el momento adecuado, en cuyo caso puedes sufrir toda la caída y terminar donde empezaste, o incluso peor. Ese es el problema de los consejos: casi siempre faltan los datos más importantes, que son *cuándo* comprar y *cuándo* vender. Sin ellos, los consejos no sirven para nada".

Tomemos como ejemplo Lums. Antes de que cambiara su nombre por Caesar's World, se vio envuelta en la locura de las franquicias; en ese momento, sus acciones se vendían a unos 20 céntimos. En cinco años, su precio había subido a 300 dólares. Más tarde, se desplomó hasta los 27 dólares. ¿Era Lums un buen consejo? Eso depende de si lo compraste a 1 dólar o a 300 dólares. Comprar acciones sin comprobar hacia dónde se dirigen es como entrar en un ascensor con los ojos vendados: no tienes ni idea de si subirás o bajarás.

"Conocí a un taxista en Miami que tuvo la mala suerte de subir y bajar en el ascensor. Gastó hasta el último centavo que tenía comprando acciones de Lums a unos 20 céntimos. Mantuvo las acciones hasta que subieron a 300 dólares y se convirtió en millonario. Por desgracia, luego las mantuvo hasta que volvieron a caer y terminó en la ruina".

"Pero a lo mejor solo las acciones realmente especulativas sufren oscilaciones tan violentas", intervino el Sr. Falcucci. "Si compras acciones de grandes empresas consolidadas, creo que puedes guardarlas y olvidarte de ellas con total tranquilidad, sabiendo que seguirán prosperando dentro de diez años".

"En un mundo perfecto e inmutable, eso podría ser cierto", respondí, "pero en el mundo tal y como es, ninguna acción puede considerarse tan segura. El aumento de la competencia nacional o extranjera, la invención de un nuevo producto, el deterioro de la situación financiera de una empresa... Todos estos y muchos otros factores pueden tener un efecto devastador incluso en las empresas "más seguras", con graves consecuencias para el precio de sus acciones. El mercado de valores está plagado de los restos de las llamadas empresas "de calidad" que simplemente cayeron en el olvido con el avance del progreso. Se podría llenar un libro con sus nombres. No, nunca guardaría acciones, por muy bien establecida que pareciera una empresa".

El Sr. Klein le interrumpió: "De acuerdo, pero no estamos hablando de empresas en quiebra o de empresas "de moda". Nos referimos a empresas como IBM, Xerox o Polaroid, que no tienen rivales en ninguna parte del mundo. ¿No son esas acciones tan sólidas como una roca?".

"Lógicamente, uno pensaría que sí", respondí, "pero el mercado no sigue la lógica. IBM ha llegado a alcanzar los 365 puntos y ha caído hasta los 150, el máximo histórico de Xerox fue de 172 y ha llegado a bajar hasta los 48, y en cuanto a Polaroid, ¡ha llegado a alcanzar los 149 y ha bajado hasta los 14!".

"¿Pero no vuelven a subir?".

Me encogí de hombros. "No hay ninguna ley que diga que lo harán. Muchas acciones sólidas aún no han recuperado sus niveles de 1971, por no hablar de los de 1973".

Se nos estaba secando la boca con toda esta discusión filosófica, así que llamamos al camarero y pedimos unas cervezas.

"Entonces, ¿cuál es la solución?", preguntó el Sr. Falcucci.

"Solo hay una solución", respondí. "Hay que estar atento a las acciones: mantenerlas mientras suben, venderlas si empiezan a bajar mucho y no encariñarse nunca con ellas. A largo plazo, un divorcio rápido suele ser más barato y mucho menos doloroso". Nos reímos.

"Para ser sincero", dijo el Sr. Klein, "no creo que me apetezca mucho estar entrando y saliendo así, vigilando constantemente mis acciones como un gato vigila a un ratón. Si eso es lo que hay que hacer para tener éxito, o incluso para estar seguro, prefiero dejar mi dinero en el banco".

"No todo el mundo tiene el temperamento adecuado para el mercado de valores", respondí. "Cualquiera que no esté dispuesto o no pueda dedicarle tiempo probablemente sea mejor que se mantenga al margen. Pero, dado que ya tiene acciones, me parece que vale la pena intentar maximizar sus ganancias y, me temo, eso requiere un papel activo en lugar de pasivo".

"Lo que me desconcierta", dijo el Sr. Falcucci, soplando un anillo de humo, "es por qué las acciones fluctúan tan violentamente. No veo cómo estas subidas dramáticas y caídas nauseabundas pueden estar relacionadas con las actividades comerciales reales de las empresas involucradas. No tiene sentido para mí".

"A mí también me desconcertó durante muchos años", respondí. "Es bastante común que el precio de las acciones de una empresa caiga drásticamente incluso después de anunciar un aumento de los beneficios. Por el contrario, por extraño que parezca, una empresa sin beneficios, o que no ha pagado dividendos durante años, puede ver cómo se dispara el precio de sus acciones.

Una de las acciones de tu cartera era un ejemplo perfecto: Great Western United. Recuerdo que me llamó la atención en 1974 porque subió de 3 a 31. Cuando lo investigué, descubrí que los antecedentes de ganancias eran pésimos: la empresa había registrado un déficit, cada vez mayor, entre 1971 y 1973. Sus intereses se centraban en la remolacha azucarera, la tierra y la comida rápida, campos que difícilmente pueden considerarse revolucionarios. Y, sin embargo, el precio de las acciones se multiplicó por diez en un solo año".

"Parece una locura, pero seguro que hay alguna lógica en ello", comentó el Sr. Klein.

"Bueno, solo empieza a tener sentido —respondí— cuando te das cuenta de que el precio de las acciones no viene determinado por los beneficios, los dividendos, los activos o factores similares, como mucha gente cree, sino por las expectativas de futuro de los inversores, sus emociones, sus sentimientos e incluso sus ilusiones.

Una empresa que opera con pérdidas y no muestra ningún beneficio puede ver cómo su precio por acción sube simplemente porque el mercado anticipa una mejora en una fecha posterior, incluso si esa mejora nunca se materializa. Por el contrario, una empresa muy rentable puede sufrir una fuerte caída en el precio de sus acciones si los inversores deciden, acertadamente o no, que sus perspectivas de futuro son menos prometedoras.

"Por eso le doy muy poca importancia a los cálculos de los analistas que pretenden mostrar el "valor" de una acción. No es el valor teórico de una acción lo que determina su precio, sino lo que el mercado cree que vale. Que el mercado esté "en lo cierto" o "equivocado" en ese juicio es totalmente irrelevante".

"¿Quiere decir que a menudo no hay una base racional para estas violentas subidas y bajadas?", preguntó el Sr. Falcucci con asombro.

"Eso es exactamente lo que quiero decir", respondí. "Si quiere un buen ejemplo, fíjese en las acciones mineras. Los rumores sobre un hallazgo de uranio, oro o níquel han disparado las acciones, a pesar de que la "mina" en cuestión no era más que un agujero en el suelo sin esperanza de producir nada durante diez años o más. Al final, la gente recobró el sentido común, la burbuja estalló, las acciones se desplomaron y los inversores se retiraron avergonzados para curarse las quemaduras".

"Bueno, al menos tuvimos el sentido común de no comprar ninguna mina", dijo el Sr. Klein.

"Fíjate", continué, "no quiero dar la impresión de que nunca hay buenas razones fundamentales para comprar una acción en particular. A veces, una acción sube simplemente porque a la empresa le va bien y todo el mundo lo sabe. Tomemos como ejemplo MCA. Conocía al presidente del consejo de administración, Lew Wasserman, desde mis inicios en el mundo del espectáculo, por lo que siempre había seguido con benevolencia la evolución de sus acciones.

La empresa tenía una historia algo accidentada. Originalmente era una agencia de talentos —solían ser mis agentes cuando estaba en el mundo del espectáculo—, pero luego se expandió a la producción cinematográfica. Más tarde fue desmantelada por Robert Kennedy en virtud de las leyes antimonopolio, y hoy en día es un conglomerado con una gestión de primera clase.

MCA saltó a los titulares cuando produjo la película *Tiburón*, que recaudó 7 millones de dólares en su primera semana. En 1974, todo el mundo hablaba de su enorme éxito, por lo que parecía una compra obvia. Sin embargo, cuando comprobé el comportamiento del precio de las acciones, no me gustó nada: era demasiado errático. *Mejor dejarlo estar*, me dije a mí mismo. Pero, en contra de mi mejor criterio y por razones puramente sentimentales, compré solo 100 acciones a unos 72 dólares, solo para ver si podía manejarlo. Dos días después, vendí todas mis acciones a 64. Perdí unos 800 dólares y nunca más volví a tocar esas acciones. Hay algunos amigos con los que es mejor no involucrarse demasiado. Fundamentalmente, era una empresa excelente y mucha gente ganó dinero comprando sus acciones. Simplemente, yo no pude manejarlo.

"El mercado también tiene sus modas: acciones favoritas que van y vienen. Algunas de las acciones de su cartera estuvieron muy de moda en su momento, pero ahora son solo una sombra de lo que fueron. Tomemos como ejemplo Champion Homes. Era una de las muchas acciones de casas móviles que pasaron por un período de enorme popularidad. Luego, de repente, pasaron de moda y las acciones se desplomaron. Cayeron desde un máximo histórico de alrededor de 26 a menos de 2".

El Sr. Klein se rio con tristeza. “Probablemente nos habría ido mejor vendiéndolas en lugar de comprándolas”, dijo.

“Tienes razón”, respondí. “Yo soy producto de los mercados alcistas de los años cincuenta y sesenta, por lo que siempre he tendido a pensar en términos de comprar acciones en alza. Pero en los mercados bajistas actuales, las acciones caen tan rápidamente que hay mucho que decir a favor de la venta en corto, si se tiene el valor de hacerlo”.

“¿Qué es la venta en corto? ¿En qué consiste?”, preguntó el Sr. Falcucci.

“Tomemos primero unas cervezas más antes de entrar en materia”, dije. Llamé al camarero. “François, más Löwenbräu, por favor. Muy fría”.

Mientras servían las bebidas, comencé a explicar en qué consistía la venta en corto.

“La venta en corto es simplemente la práctica de vender acciones que no se poseen con la esperanza de poder recomprarlas más tarde a un precio más bajo. La ganancia es la diferencia entre el precio al que se vende y el precio al que se recompra. A mucha gente le resulta e entender cómo se puede vender algo que no se posee, pero en realidad es bastante sencillo: se pide prestado al Bróker las acciones que se desean vender.

“En años anteriores, cuando los mercados estaban en una tendencia alcista constante, las cartas estaban en contra del vendedor en corto. Pero con los fuertes mercados bajistas que hemos experimentado en los últimos años, con caídas de hasta el 50% en solo dieciocho meses, ahora me parece tan lógico vender en corto en mercados bajistas como comprar en mercados alcistas. Yo nunca lo he hecho, porque psicológicamente no estoy hecho para vender en corto. Aun así, creo que los mercados han cambiado tanto que todos los inversores experimentados deberían considerarlo seriamente. Sin embargo, no es para las viudas y los huérfanos, como dice el refrán".

Mientras hablaba, se me ocurrió de repente que la DAR-CARD se podía adaptar fácilmente a la venta en corto. Solo había que darle la vuelta a la tarjeta para que la zona roja de stop-loss quedara encima de las casillas en lugar de debajo. Entonces, cuando el precio subiera a la zona roja, esa sería la señal para volver a comprar las acciones. Me sorprendió no haberlo pensado antes.

"Hum, ahora no estoy seguro de si los consejos que recibimos valían la pena", reflexionó el Sr. Falcucci. "Es muy tentador actuar siguiendo un consejo que parece dado con la mejor de las intenciones. Al fin y al cabo, me arrepentiría mucho si no comprara unas acciones que me han recomendado y luego se triplicara su precio".

"Sé lo que se siente", respondí. "Esto es lo que creo que debería hacer. Cuando le recomienden una acción, primero compruebe si el mercado en su conjunto está subiendo o bajando. En otras palabras, pregúntese si se encuentra en un mercado alcista o bajista. Si es lo segundo, manténgase al margen, las probabilidades están en su contra".

"Si el mercado en su conjunto está fuerte, comprueba cómo se está comportando la acción que te han recomendado. ¿Está subiendo o bajando? ¿Ha mostrado fortaleza recientemente? ¿Está cerca de su máximo o mínimo anual? Si la acción se está comportando con fuerza, yo la compraría. Si no parece estar haciendo mucho, déjala estar hasta que haya una ruptura, y entonces cómprala en la ruptura.

En ambos casos, protéjase al comprar con un stop-loss del 10%, por ejemplo. Esto es absolutamente esencial, pero casi siempre se pasa por alto. Además, nunca caiga en la tentación de mantener una acción una vez que ha empezado a caer. Nunca devuelva más del 20% de sus ganancias".

"Ninguna de estas precauciones requiere una investigación o conocimientos exhaustivos. Puedes averiguar rápidamente lo que necesitas saber con solo echar un vistazo a los periódicos. Pero nunca compres acciones a ciegas solo porque alguien te lo diga. Si tomas estas sencillas precauciones, junto con los consejos de primera clase que te están dando estos estadounidenses ricos, ¡pronto podrás comprar el hotel!".

El Sr. Falcucci soltó una carcajada y el Sr. Klein se rio. Todos nos levantamos y nos estiramos. De repente me sentí muy cansado y, para mi sorpresa, me di cuenta de que el salón del hotel estaba completamente desierto, excepto por nosotros tres. Miré mi reloj: eran las dos de la madrugada. No era de extrañar que me sintiera agotado; habíamos estado hablando durante más de cinco horas.

Había sido una velada esclarecedora, instructiva y aleccionadora. No solo el Sr. Falcucci y el Sr. Klein habían abierto los ojos, sino que yo también había aprendido mucho de sus preguntas. Sus carteras, sus consultas y sus reacciones me recordaron vívidamente mis propios comienzos en el mercado, cuando daba palos de ciego. Había cometido mi buena cantidad de errores, pero había aprendido de ellos y los había convertido en mi ventaja.

"Bueno, espero haberles sido de ayuda", dije. "Solo me queda una cosa por decir".

"¿Qué es?", preguntaron.

"Por vuestro primer millón", dije en tono jocoso, levantando mi copa.

Aún podía oír sus risas mientras me dirigía cansado a la cama.

MR. FALCUCCI'S PORTFOLIO

Disney	IBM
Digital Equipment	Eastman Kodak
Eastern Gas and Fuel	Amcord
Howard Johnson	General Motors
McDonald's	Equifax
Grolier	Merrill Lynch
AT & T	Basic, Inc.
Pittston	Reynolds Metals
Polaroid	American Broadcasting
Boeing	AMBAC
MCA	Automation Industries

MR. KLEIN'S PORTFOLIO

Avon	Loew's
Champion Homes	Data General
Levitz Furniture	Skyline

Xerox
Joy Manufacturing
Ponderosa
Schlumberger
Tandy
TelePrompTer
ITT
National Semiconductor
3M
Ashland Oil
American General Insurance
Automatic Data
Babcock and Wilcox
General American Oil
Sante Fe International
Bangor Punta

MR. DARVAS' PORTFOLIO

Teledyne
Mitchell Energy
Houston Oil
Bally

Dar•Card©

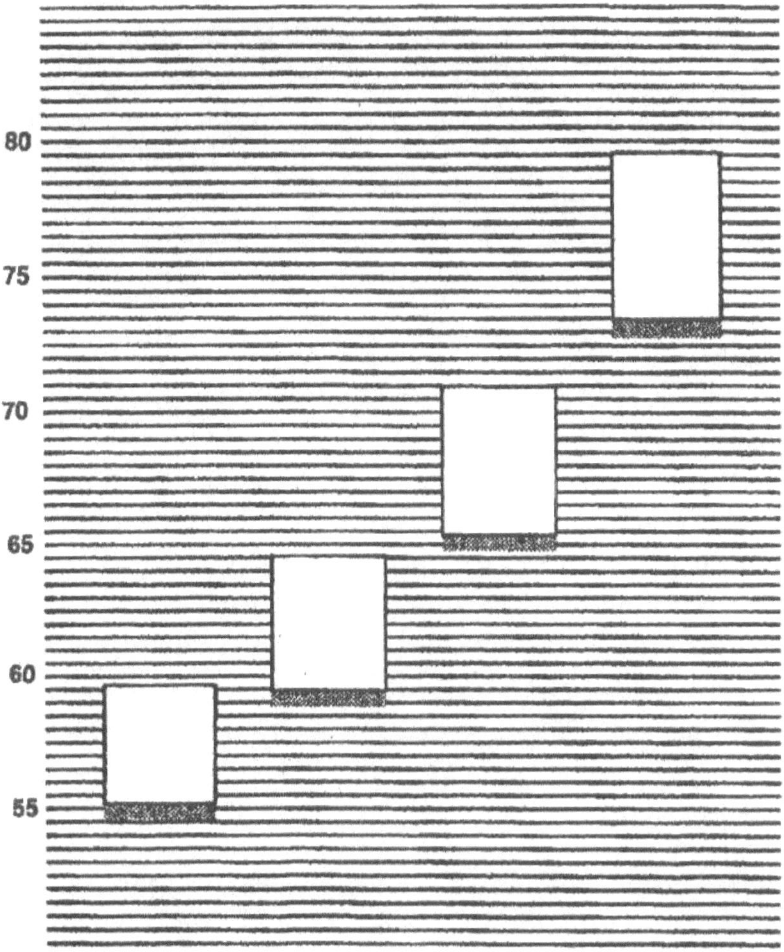

Mi conversación nocturna con mis viejos y buenos amigos, el Sr. Falcucci y el Sr. Klein, sobre sus inversiones en bolsa no terminó como yo esperaba. La razón fue que me fascinaron sus dos carteras, aunque no en el sentido habitual. No había nada especialmente sorprendente en sus participaciones, ni ninguna acción o situación con la que no estuviera ya familiarizado. No, la fascinación surgió de un aspecto muy diferente de estas carteras.

A la mañana siguiente, cuando las encontré cuidadosamente mecanografiadas en la mesita de noche donde las había dejado antes de acostarme, me di cuenta de que cada una de ellas era un pequeño museo de acciones que habían llamado la atención a finales de los años sesenta y principios de los setenta. Habían sido años difíciles para muchos inversores: los acontecimientos de esos años me habían llevado a replantearme mi forma de operar y a volver a la estricta aplicación de mis propias reglas de negociación, probadas y comprobadas. Con las carteras del Sr. Falcucci y el Sr. Klein en mis manos, podía volver atrás en el tiempo e intentar descubrir las anticipaciones pasadas que habían dado lugar a estas recomendaciones.

Al fin y al cabo, ese había sido el método de inversión del Sr. Falcucci y el Sr. Klein: comprar las acciones que recomendaban sus distinguidos invitados.

El Hotel George V es el punto de encuentro de las personas sofisticadas e informadas del mundo; y, al identificar las razones que se dieron en ese momento para comprar las acciones de estas dos carteras, tendría una muy buena visión transversal de las esperanzas y los temores que motivaban a los inversores en esos años en los que el mundo entero parecía estar cambiando de rumbo y adentrándose en aguas desconocidas.

¿Cómo habían influido esos años inquietantes en la forma en que los inversores internacionales bien informados veían las acciones?

¿Habían estado reexaminando sus hipótesis y métodos, al igual que yo durante esos años?

Si era así, ¿había alguna prueba de que hubieran aprendido nuevas técnicas que pudieran ayudarme en mis propias inversiones?

Naturalmente, estaba muy emocionado cuando llegué al vestíbulo esa mañana. Estaba impaciente por ver al Sr. Falcucci y al Sr. Klein y comenzar mi búsqueda de cualquier indicio de que los inversores internacionales se habían vuelto más conocedores y realistas en sus métodos de selección de acciones en el turbulento clima del mercado que habíamos estado experimentando desde finales de la década de 1960.

Pero el Sr. Falcucci pronto frustró mis esperanzas. Cuando le expliqué por qué necesitaba saber los nombres de los invitados que habían recomendado cada una de sus acciones en el pasado, se limitó a sonreír, encogerse de hombros y decir:

"Oh, entiendo muy bien lo que quiere y por qué lo quiere. Pero me temo que no puedo ser de mucha ayuda. Verá, soy un hombre muy ocupado y no podría recordar por nada del mundo quién me habló por primera vez de las acciones de mi cartera".

El Sr. Klein tampoco era capaz de recordar quién le había llamado la atención por primera vez sobre las acciones que tenía en su cartera.

Esto me dejó con una mañana frustrante. Tenía una idea emocionante —hacer una crónica de las cambiantes filosofías de inversión de los inversores internacionales expertos—, pero no tenía forma de ponerla en práctica. Finalmente, se me ocurrió que había una manera de poner en marcha el plan, incluso si el Sr.

Falcucci y el Sr. Klein habían olvidado a sus informantes originales. Cada semana, en el Hotel George V hay una considerable rotación de personas que van y vienen de los rincones más recónditos del mundo. Para muchos, es como volver a casa, y la conversación es relajada y despreocupada. Todo lo que tenía que hacer era dirigir la conversación hacia las acciones, en particular las de los últimos diez años.

Según mi experiencia, aunque algunas personas se muestran reacias a hablar de sus actuales carteras de acciones, todas están dispuestas a hablar —y a recordar— las acciones que alguna vez tuvieron. Por supuesto, algunos de estos recuerdos pueden estar teñidos o ser un poco inexactos debido a la neblina del pasado, pero para los fines de mi encuesta, incluso las imágenes ligeramente distorsionadas servirían. No me interesaba si realmente habían ganado dinero con las acciones (y mucho menos cuánto), solo por qué creían que iban a ganar dinero con ellas. Una empresa puede estar registrando pérdidas y, aun así, ver cómo sube el precio de sus acciones si hay suficientes personas que anticipan que mañana operará en números negros.

Así que fui a almorzar bastante contento. Con solo unas pocas semanas de "investigación" en el vestíbulo, el salón y el bar del Hotel George V, pude deducir las razones por las que la gente pensaba que podía ganar dinero con acciones como las de las carteras del Sr. Falcucci y el Sr. Klein.

Durante el almuerzo, el señor Falcucci me dio una sorpresa inesperada. Se acercó a mi mesa y me dijo que sí recordaba a un recomendador. La acción era Grolier, y el consejo había venido de Max, el gerente de otro de los hoteles bien conocidos de París. Recordaba esta recomendación porque había sido una de las primeras, entre las primeras acciones que compró en su vida; por eso se le había quedado grabada en la memoria.

Esa misma tarde pude ponerme manos a la obra. Max hizo una de sus visitas de cortesía periódicas al George V y pude preguntarle:

"El Sr. Falcucci y yo estuvimos hablando de sus acciones la otra noche. Él recuerda haber comprado Grolier y, según sus recuerdos, usted fue el primero en hablarle de esta acción. ¿Recuerda haberle hecho esa recomendación?".

"Ha pasado mucho tiempo, pero sí, recuerdo por qué compré Grolier y por qué le dije al Sr. Falcucci que la comprara. Todo se puede resumir en una palabra: Sputnik".

"¿El Sputnik?", respondí, algo sorprendido. "Pero ¿qué tiene que ver el satélite ruso con una empresa de enciclopedias?".

"Oh, es muy sencillo. Verá, en mi hotel celebramos convenciones y conferencias internacionales. Una vez se habla de energía; otra vez, de ecología. En esta ocasión se celebró una reunión de editores de todo el mundo. Los rusos acababan de lanzar el Sputnik y fueron los primeros en llegar al espacio, y se habló mucho de que Estados Unidos les estaba alcanzando.

Eso significaba educación. Pensé que los estudiantes aprenden de los libros, así que pregunté en la convención de editores. Buscaba una empresa que publicara libros que todas las familias estadounidenses quisieran comprar para sus hijos. Si todo el mundo tenía que ser más inteligente para alcanzar a los rusos, ninguna familia querría que sus hijos se quedaran atrás, por lo que les comprarían libros. Y eso nos lleva a Grolier".

"Lo hace parecer todo muy plausible. Pero dígame, ¿sigue siendo usted propietario de Grolier?".

—No. La vendí hace años.
—¿Y le dijiste al señor Falcucci que vendiera? Bien podría haberse quedado atrapado con una acción que en su día llegó a cotizar en

38 y que en los últimos años ha tenido serias dificultades para superar los 3.

"Probablemente no. De hecho, rara vez le digo a alguien que venda. Si no tienen acciones, solo les aburro con mis consejos de venta. Y si tienen acciones que yo estoy vendiendo, corro el riesgo de enemistarme con ellos, así que solo digo cosas positivas sobre las acciones a mis amigos y conocidos. Como propietario de un importante hotel internacional, no puedo permitirme dar a mis huéspedes motivos para pasar noches en vela".

"Es comprensible", fue todo lo que se me ocurrió responder, y tomé nota mentalmente de que lo único peor que un inversor aficionado es un asesor de inversiones aficionado.

En ese momento, Max le hizo la siguiente sugerencia: "Si entiendo bien lo que estás intentando hacer, hay una huésped permanente en mi hotel a la que deberías conocer: la condesa Albanese. Su linaje es auténtico, ya que su difunto marido, el conde, tenía todos los pedigríes adecuados. Ella misma fue en su día una corista estadounidense y creo que fue Miss Iowa en un año que sus mejores amigos se esfuerzan por olvidar. Tiene una amplia cartera de acciones. Y su marido, que era mayor que ella, se esforzó mucho en enseñarle a ser viuda, por lo que ella conoce los porqués y los cómo de cada acción de su cartera".

Me encantó la oferta de Max y, tras unas cuantas llamadas telefónicas, esa noche cené con la condesa Albanese en el elegante salón principal de su hotel. Resultó ser muy encantadora y, aunque era estadounidense de nacimiento, su larga residencia en Europa la había convertido en una de esas mujeres continentales capaces y competentes en casi todos los ámbitos de la vida, que saben no solo dónde encontrar los mejores cortes de carne en una ciudad, sino también dónde el precio es el adecuado.

Durante el postre, le pregunté: "Max me ha dicho que es usted una inversora experta y conocedora".

"Max es un adulador. Toda la sabiduría que pueda haber adquirido en este ámbito la heredé de mi marido, junto con las acciones de mi cartera".

"¿Y qué tipo de acciones acumuló su marido para usted?".

"Tengo muchas acciones convencionales de "viudas y huérfanos". El conde siempre desconfiaba de los corredores de bolsa, ya que consideraba que algunos operadores sin escrúpulos tienden a aprovecharse de las viudas ingenuas moviendo sus cuentas para cobrar las comisiones correspondientes, por lo que me hizo invertir en acciones que parecían seguras para comprar y mantener. Por ejemplo, tengo un gran paquete de acciones de AT&T. ¿Se puede ser más convencional y seguro?".

"No podría estar más de acuerdo con el conde en cuanto a las prácticas poco éticas de los corredores de bolsa, pero me gustaría saber un poco más sobre su filosofía de "comprar y mantener". ¿Por qué pensaba que AT&T era necesariamente segura a largo plazo?".

"El conde se basaba en el hecho de que AT&T tiene tres millones de accionistas. Esto le da a AT&T un potente lobby político y, dado que sus tarifas están sujetas a la regulación del Gobierno, la compañía telefónica necesita influencia política. Cualquier amenaza a los beneficios de

AT&T podría provocar que al menos algunos de sus tres millones de inversores escribieran cartas a sus congresistas. Por eso no me han preocupado las recientes medidas antimonopolio contra AT&T. Sea cual sea el resultado, es poco probable que el gobierno permita que tres millones de pequeños accionistas sufran un daño permanente e irreversible.

"Y, por supuesto, hay pocas cosas que una empresa pueda vender que sean más atractivas que un medio que nos permita a todos hablar más a distancias mayores".

"Puede que tengas razón", le respondí, de la manera más evasiva y diplomática posible, "pero ¿por qué molestarse con las acciones? AT&T puede ser lo suficientemente "segura", pero no va a ninguna parte. ¿Por qué no obtener un rendimiento igual de bueno con menos preocupaciones con los bonos de Telephone?".

"Aunque estoy cómodo, necesito echar mano de mi capital de vez en cuando necesito un pequeño lujo. Aun así, en general intento ser práctico. Si tuviera bonos, tendría que sacar grandes cantidades de mis fondos, cerca de mil dólares cada vez. Esto me tentaría a ser extravagante. No, estoy contento con mis acciones. Puedo adaptar las ventas más a mis necesidades y, si lo planifico, a menudo puedo vender mis acciones en un momento muy favorable y ganar un poco más, algo que nunca podría hacer con los bonos".

"Te aplaudo. Pareces haber hecho lo que muy pocos inversores han logrado: encontrar un plan de inversión que entienden y que se adapta a sus necesidades. Por supuesto, tu plan no me serviría a mí; me gusta la acción. Y tú tienes más valor que yo a la hora de e ar el mercado. Cuando una acción se mantiene estable año tras año, como AT&T, siempre temo que pierda el equilibrio y se desplome hasta desaparecer".

Eché un vistazo a la lista del Sr. Falcucci. "¿Qué hay de IBM? ¿Era una acción para comprar y mantener?".

—Por supuesto. IBM es otra acción por la que nunca me preocupo. A mi marido siempre le impresionó el hecho de que hubiera más dinero de los inversores invertido en acciones ordinarias de IBM —unos 35 000 millones de dólares cuando la acción cotizaba a 250— que en cualquier otra acción del mundo.

Una vez más, IBM ha tenido sus roces con el Gobierno. No se trata de un sector regulado, pero cuando se es tan grande como IBM y se domina el mercado como lo hace, es normal que surja cierta envidia. IBM es la empresa a batir y, cuando no se puede vencerla en el mercado, se intenta vencerla en los tribunales.

"No me sorprende que nada de esto haya disminuido el atractivo de IBM para los inversores. El dinero atrae al dinero, y a lo largo de los años IBM ha atraído más capital de inversión que cualquier otra empresa".

"¿Y tienes más acciones de primera categoría? ¿Qué hay de GM?".

"Oh, sí. Pero mi marido siempre decía que era una acción problemática. La empresa fabrica motores de todo tipo: motores para automóviles, frigoríficos, locomotoras y aviones. Supongo que por eso se llama General Motors. Pero vender motores puede ser un negocio complicado. La gente tiende a agrupar sus compras, lo que provoca que las ventas caigan cada tres o cuatro años. Así que el conde me inventó esta regla divinamente sencilla: considera comprar GM cada vez que baje de 40; considera vender cada vez que suba de 80. Y me ha funcionado de maravilla".

"Obviamente, has tenido suerte en el amor, y eso te ha traído suerte en el mercado de valores" parecía ser lo único galante que se podía decir en ese momento. Hablamos de otras empresas tradicionales que se encuentran entre las más sólidas del mercado de valores, pero ninguna de ellas aparecía en la lista del Sr. Falcucci. Como había quedado con la condesa para ir a la ópera, le di las gracias por su amable colaboración en mi investigación y me despedí.

Al salir del hotel, decidí pasar por el bar para tomar una copa. Mientras pedía mi bebida, un joven al que reconocí por haber estado sentado en la mesa contigua en el comedor se dirigió a mí de la siguiente manera:

"Disculpe, ¿se dedica usted a la bolsa? No era mi intención escuchar su conversación, pero le oí hablar de acciones con la señora".

"Le perdono, y sí, se podría decir que me interesan las acciones".

En ese momento nos presentamos. Por mi nombre, me reconoció como bailarín, y yo debería haberlo reconocido a él, ya que su rostro aparecía en carteles por todo París esa semana. Era una famosa estrella de rock que se encontraba en la ciudad para dar un concierto. Cuando se enteró de que estaba escribiendo un libro sobre acciones, me hizo prometerle que mantendría su anonimato. Temía que sus fans se enfadaran con él si sabían que le interesaban cosas tan "serias" como la bolsa. Así que lo llamaré el señor Rock Starr.

"Dígame, Sr. Starr, ¿qué le interesa de las acciones? Porque yo, al igual que sus fans, nunca lo consideraría un inversor serio".

"Los grupos de rock no son exactamente como Guy Lombardo, ya sabe. Me consideraré afortunado si tengo un concierto para dar la bienvenida al 1980, así que debo guardar algo para cuando se acabe el brillo".

"Como artista, especialmente uno que depende de sus piernas, sé exactamente a qué te refieres. Pero dime, ¿qué tienes en tu tarro de galletas ahí arriba, en la estantería?".

"Lo único que conozco es el mundo del espectáculo, así que me mantengo bastante cerca de casa. Solo compro acciones de empresas que conozco. Por eso compré Disney, porque ahí es donde empecé. Formaba parte de una de esas bandas que se alternaban en Tomorrowland, en Disneyland. Mi agente dice que no debería contarlo, porque podría acabar siendo conocido como el Mouseketeer del rock. Pero me impresionó lo limpio que mantenían el lugar. Cualquiera que sea capaz de convertir uno de los negocios más sórdidos del sector —un parque de atracciones, una feria ambulante— en una montaña rusa merece un gran reconocimiento".

"Por no hablar de su espectáculo original, con todos esos personajes de dibujos animados tan divertidos. En una ciudad donde los espectáculos con animales abundan y hay una Blancanieves en cada esquina, se necesita mucho ingenio y agallas incluso para pensar en crear personajes ficticios. Es una maravilla que los actores en vivo no los echaran de Hollywood".

"Pero lo que realmente me convenció fue que, cuando murió el viejo Walt, mantuvieron su espectáculo. Eso es tener estilo de verdad".

"Así que eres fan de Disney. ¿Qué más tienes guardado?".

"Me gusta MCA. Están en todas partes: películas, televisión, discos. Incluso gestionan los servicios turísticos del Parque Nacional de Yosemite. Y si te gusta leer, recientemente han comprado una editorial. Cada año es más difícil tomarse unos días libres en el trabajo y no gastar parte de tu dinero en MCA.

"Hay quien dice que solo tuvieron suerte con la película Tiburón, pero yo no lo creo. Creo que esta empresa tiene mucho talento; lo hicieron una vez y saben cómo volver a hacerlo. Por eso voy a apostar mi dinero por ellos".

"¿Tienes alguna otra inversión espectacular en el mundo del entretenimiento?".

—Sí, siempre me ha gustado American Broadcasting. Avis era la número dos y mira lo mucho que se esforzaron. Bueno, ABC es la número tres y creo que se están esforzando aún más. Está la cadena de televisión, que muchas noches le ha ganado a la NBC y a la CBS. Además, sus cadenas de televisión locales están presentes en muchas de las grandes ciudades: Nueva York, Los

Ángeles, San Francisco, Detroit y Chicago. También están en el negocio discográfico y editorial; incluso pueden mostrarte atracciones turísticas y de vida salvaje.

"Y puede que haya un pequeño regalo escondido en el fondo del calcetín. Son propietarios de una restauración colonial llamada Smithville, cerca de Atlantic City. Lo sé porque una vez toqué en el Steel Pier. Ahora que las viejas ruletas están listas para girar en la costa de Jersey, ¿quién sabe? Después de todo, ¿qué van a hacer los niños mientras papá intenta demostrar su punto de vista? ABC parece una empresa que está en muchos de los lugares adecuados en este momento.

"Eso es todo lo que escribió. Por ahora, ese es mi pequeño colchón financiero. Nos vemos el año que viene. Si he subido en las listas, puede que haya más".

Después de todas estas acciones brillantes, decidí que era hora de irme, así que dejé al Sr. Rock Starr bebiendo su vino y llamé a un taxi para que me llevara rápidamente a casa a disfrutar de un merecido descanso después de un día muy ajetreado de investigación bursátil.

Los días siguientes transcurrieron sin incidentes, hasta que una mañana vi a un candidato para una entrevista durante el desayuno. Llevaba una corbata de cordón, un traje gris perla y me pareció ver unas botas de vaquero bajo el impecable mantel blanco. Por supuesto, no llevaba sombrero, pero no me cabía duda de que su Stetson estaba en algún lugar del hotel. Lo invité a desayunar conmigo. Pareció encantado de aceptar.

"Me llamo Tom Burns. Soy de Texas".

"Nunca lo hubiera adivinado", mentí. Me presenté y fui directo al grano, mi búsqueda de los métodos de inversión que habían estado colocando acciones en las carteras durante los últimos cinco o diez años.

“Hace unos años, podría haberle ayudado a mover su paquete de algodón. Solía lidiar con un montón de esas acciones, ¡pero descubrí por las malas por qué llaman a los corredores de bolsa “serpientes de cascabel”! Me arruiné con todo ese cariño que me tenía mi Bróker. Me negoció muy bien. Ahora solo tengo una acción”.

“Debe de ser una acción muy buena para que sigas conservándola. ¿Puedo saber su nombre?”, le pregunté, intrigado.

“Merrill Lynch”, fue su respuesta.

Debí de poner cara de estupefacción, porque no esperó a que le hiciera la pregunta obvia.

“Sé lo que debe estar pensando. Pero verá, solo estoy tratando de que esa maldita empresa me devuelva el dinero que me estafó. Cuando Thundering Herd me dejó sin blanca, apenas me quedaba dinero para planchar mis pantalones. Pero olí algo de petróleo y, en poco tiempo, conseguí una buena suma. Cuando Marilee Lynch baja, la compro; cuando sube, la vendo; y si paga dividendos en efectivo mientras la tengo, los guardo”.

En ese momento, metió la mano en el bolsillo de su chaqueta y sacó una libreta de notas encuadernada en cuero. Se humedeció el dedo índice y hojeó la libreta hasta encontrar la página correcta.

“Mira aquí. Ya me ha devuelto 23 177,10 dólares y, según mis cálculos, todavía me debe 71 433,15 dólares. Y me lo va a devolver todo, aunque tenga que perseguirla por todo el infierno. Mientras tanto, todo el dinero que ya me ha devuelto me espera a buen recaudo en el banco de Midland, Texas”.

Siempre había oído que se necesitan todo tipo de personas para que funcione el mercado de valores, pero nunca lo había apreciado del todo hasta que el Sr. Tom Burns me contó cómo negociaba en Merrill Lynch para vengarse.

Esa tarde me encontré con mi viejo amigo John McMahon en el vestíbulo, leyendo el Paris Herald Tribune. Me sorprendió, porque creía recordar que su hija se casaba esa tarde.

"¿No deberías estar arriba, en la recepción de la boda?".

"La verdad es que no. Ya he entregado a la novia y detesto a sus amigos, así que estoy aquí esperando a que terminen de atiborrarse para poder pagar la cuenta".

"Por cierto, ¿no te he visto bastante por el hotel en los últimos años? ¿No tienes un negocio en Des Moines? ¿Cómo puedes pasar tanto tiempo lejos de la tienda?".

"Vendí el negocio hace cuatro años. Ahora tengo una nueva línea. Se podría llamar invertir en el ciclo económico".

"¿Pero no es peligroso?".

"Podría serlo. Pero solo compro en la fase alcista del ciclo. Compro en la fase bajista y vendo justo después de que empiece a desvanecerse la primera floración. De esa manera, mientras todos los demás se ponen nerviosos y se preguntan qué está pasando, yo ya estoy persiguiendo el sol".

Mis antenas se activaron. Recordé varias acciones cíclicas en la cartera del Sr. Falcucci. "¿Estaba usted aquí en París a principios de 1975?".

"Sí, estuve aquí. A finales de 1974, la pesadumbre se había vuelto tan densa en Estados Unidos que se podía cortar con un cuchillo, así que supe que era el momento de comprar. Hice mis pedidos y me escapé a París para liberarme un poco emocionalmente de la pesadumbre y el pesimismo de mi país".

"¿Le contó al Sr. Falcucci lo de sus compras?".

"¿Me quiere decir que él las compró? Bueno, no pasa nada. Yo sigo siendo el propietario. Mis tres favoritas entonces eran una cementera, una fabricante de refractarios para acerías y una productora de metales básicos, tan deprimidas y sombrías como las que se pueden encontrar en lo más bajo de una recesión económica.

Mi elección en el sector del cemento fue AmCord. Tenía muchas de las características que me gustan en una acción. Por un lado, había cambiado recientemente su nombre de American Cement. Algunos inversores piensan que han hecho un descubrimiento totalmente nuevo, y algunos que pueden haber salido perjudicados en el pasado pueden volver a sentirse atraídos.

"Además, tiene relativamente pocas acciones en circulación, algunas de ellas en manos de un número reducido de accionistas. Esto añade un elemento de escasez y ayuda a mantener el interés cuando las cosas empiezan a moverse. Sus plantas están repartidas por todo el mapa: algunas en el lejano oeste, otras en el medio oeste y unas pocas en la costa este. Además, AmCord dedica parte de su negocio a la construcción de edificios metálicos, muchos de ellos con aplicaciones industriales, como almacenes y similares. Todo ello no hace sino acentuar la naturaleza cíclica de su negocio".

"Basic Inc. fue mi elección en el sector del acero. La actividad principal de la empresa son los productos granulares utilizados para mantener los revestimientos de los hornos de la industria siderúrgica, y no son muchos los hornos que reciben nuevos revestimientos en la fase baja del ciclo económico. Por si eso no fuera suficiente potencial bajista, la empresa también fabrica dispositivos electrónicos que se utilizan en varias máquinas industriales pesadas. ¿Quiere ir más allá? La empresa completa su línea de productos con un grupo de productos químicos industriales, algunos de los cuales se utilizan en sectores vulnerables a la recesión, como los productos de construcción, el caucho, la pulpa y el papel.

"También hay una ventaja comercial en forma de una emisión muy reducida. Hay menos de 1,3 millones de acciones ordinarias en circulación, algunas de ellas en manos de un número reducido de accionistas. Por lo tanto, una vez que esta acción empieza a moverse, es difícil alcanzarla.

"Reynolds Metals completa mi trío de recesión. Reynolds, el segundo mayor productor de aluminio de Estados Unidos, sufre cuando la industria utiliza menos metal. No tanto como los otros dos. Después de todo, ha logrado pagar algunos dividendos en efectivo cada año desde 1941. Y hay más acciones disponibles para la negociación pública de las que me gustaría ver, unos dieciséis millones fuera de las participaciones de la familia Reynolds. Pero es mi entrada de calidad, mi acción de cobertura en caso de que me precipite".

El Sr. McMahon acababa de terminar su magistral presentación sobre el enfoque cíclico del mercado de valores cuando le llamaron y él, junto con su chequera, fue convocado de nuevo a la boda. Me hubiera gustado preguntarle más sobre su enfoque, ya que en algunos aspectos difiere bastante del mío. Aunque simpatizo mucho con la idea de comprar en el momento adecuado del ciclo económico, me siento más cómodo cuando son mis propias acciones las que me indican que se avecina una recesión —o que se está produciendo una recuperación— y no al revés. Algunos mínimos del ciclo son inequívocos; otros te dejan preguntándote cuán bajo es bajo.

La alta tecnología —sin duda una de las principales categorías de acciones a finales de los años sesenta y comienzos de los setenta— no aparecía en mis métodos habituales de investigación, aunque sí figuraban varias situaciones de este tipo en la lista del señor Falcucci. Esto requería una estrategia especial, y la mejor que se me ocurrió fue visitar a René Dupre, un científico de prestigio internacional que, pese a su renombre, mantenía los pies firmemente en la tierra y sabía distinguir entre la ciencia y la ficción, tanto en el laboratorio como en el mercado de valores.

Le había enviado mi lista de acciones con antelación, de modo que el señor Dupre estaba preparado y esperándome cuando llegué:

"No me sorprende que ninguno de sus inversores haya mencionado las acciones de alta tecnología. Pocas personas tienen idea de lo que compran cuando invierten en alta tecnología: todas las empresas parecen estar ocupadas perfeccionando "pequeñas cajas negras", y todas ellas parecen muy similares a simple vista. Incluso los científicos que trabajan en este campo tienen dificultades para determinar de antemano qué pequeña caja negra funcionará.

Siendo realistas, lo único que un inversor interesado en la alta tecnología puede determinar de antemano con un cierto grado de certeza es si está adquiriendo esa tecnología en estado puro o mezclada; es decir, si está invirtiendo en una empresa de un solo concepto y un solo producto, o si está comprando una combinación de ciencias y tecnologías. Asimismo, debe considerar si esa tecnología está vinculada principalmente al gasto público o al sector privado.

"Tomemos como ejemplo a Boeing. Su combinación de negocios está dividida casi a partes iguales: la mitad es militar y la otra mitad es aviación comercial. Lo que le sucede a la empresa está, en gran medida, fuera de su control. Si se quiere calcular el momento adecuado para comprar, es necesario saber lo máximo posible sobre las futuras necesidades de defensa y las necesidades de equipamiento de las aerolíneas mundiales. Quienes compraron acciones de Boeing a principios de la década de 1970 creían que ambas demandas estaban firmemente en marcha y en alza".

"Automation Industries es otra empresa de su lista que se divide por la mitad: la mitad es gubernamental, principalmente naval, y la otra mitad es otra cosa. Es en esa "otra cosa" donde radica la principal diferencia entre Automation Industries y Boeing. A diferencia de Boeing, Automation ofrece una amplia variedad de productos industriales especializados, servicios técnicos y equipos de ensayo de materiales a un amplio espectro de industrias. No todas estas líneas son igualmente rentables y, paradójicamente, ese es uno de los principales atractivos que Automation ha tenido para los inversores en los últimos años. La empresa está ocupada eliminando y vendiendo sus líneas menos rentables, con la esperanza de emerger al otro lado como una operación más fuerte y consistentemente rentable.

"Si lo que busca es diversificación, AMBAC Industries es la opción ideal. Se trata prácticamente de un consorcio de divisiones anteriormente independientes y fuertemente orientadas a la ciencia, como American Bosch, Packard Instrument, Bacharach Instrument y Arma, por nombrar solo algunas. Además, tiene capacidades en una serie de nuevos y apasionantes campos: instrumentos médicos, inyección de combustible diésel (está construyendo un prototipo de motor de inyección de gasolina diseñado por Ford) y equipos eléctricos. Opera tanto en el sector público como en el privado del avance de la alta tecnología".

"Si quieres especializarte y concentrar tus esfuerzos en la alta tecnología, Digital Equipment es una buena opción. Más del 80% de su negocio se centra en los miniordenadores. Estos pequeños y milagrosos ordenadores ya realizan una amplia variedad de tareas altamente especializadas en el registro, la interpretación y el cálculo de datos procedentes de experimentos científicos. Se han adaptado al procesamiento de datos empresariales. Y cada nueva serie aporta nuevas aplicaciones y usos. Pero hay una trampa. Esta nueva y emocionante frontera en el campo de los ordenadores es también la más cíclica y la más competitiva del sector informático en general. En este momento, Digital es el líder, pero mañana el ganador probablemente sea la empresa con la mejor fuerza de ventas.

"En resumen: si quiero cubrir mis apuestas en alta tecnología, me decantaría por una empresa como AMBAC. Por otro lado, si quisiera asumir un riesgo adicional en busca de ganancias superiores a la media, probablemente optaría por una empresa como Digital".

"O, en otras palabras, ¿me estás diciendo que en alta tecnología tiene más sentido observar el mercado que devanarse los sesos sobre el potencial de todas esas cajitas negras?".

"Exactamente. Ahora también me has pedido que te diga qué creo que atrajo a los inversores a una serie de campos de tecnología aplicada, energía y similares. Creo que puedo serte de ayuda en este sentido.

"Pittston, al ser una sociedad de cartera, le permite acceder a una serie de sectores relacionados con la energía. Una de sus filiales extrae y vende carbón metalúrgico de alta calidad, principalmente a la industria siderúrgica, lo que añade un elemento cíclico a sus ganancias. Otra parte importante del negocio es la distribución mayorista de petróleo, principalmente gasóleo de calefacción en el área de la ciudad de Nueva York. A partir de su distribución de petróleo, se ha diversificado hacia una amplia operación de transporte y almacenamiento, también centrada en Nueva York.

También es propietaria del 85% de Brink's, el servicio de vehículos blindados.

En definitiva, se trata de una empresa estable y fiable en el sector energético, cuyo principal atractivo en el mercado bursátil reside en sus subidas cíclicas durante los periodos de recuperación económica. Supongo que esto es lo que ha llevado a Pittston a aparecer en su lista en los últimos años".

"Eastern Gas & Fuel es otra empresa sólida en el sector energético. Con sede en Boston, tiene intereses muy diversificados en el ámbito de la energía. Su filial de carbón es la novena productora más grande de Estados Unidos, con minas en Virginia Occidental y Pensilvania y reservas occidentales estimadas en 2500 millones de toneladas. Boston Gas, una filial de propiedad exclusiva, presta servicio a casi quinientos mil clientes en el este de Massachusetts, incluida la zona de Boston. Además, Eastern Gas es la mayor empresa de transporte por vías navegables interiores de Estados Unidos, con operaciones en los ríos Ohio, Illinois, Arkansas y Misisipi. Con toda la preocupación reciente sobre las fuentes de energía, tanto en Estados Unidos como en el resto del mundo, no es de extrañar que figure en una cartera constituida durante la última década.

"Ahora, Equifax nos lleva a otra área de la tecnología aplicada. Anteriormente conocida como Retail Credit, la empresa es líder en investigación de seguros e informes crediticios. Ante el problema de recopilar, clasificar y recuperar literalmente millones de fragmentos de información, la compañía está tratando de reducir costos mediante la informatización. Estos programas de control de costos ayudaron a revertir la tendencia a la baja de las ganancias y, sin duda, fueron un factor determinante para incluir a Equifax en su lista. Probablemente también contribuyó el sólido crecimiento de su negocio de investigación de seguros y de calificación crediticia".

Felicité al Sr. Dupre por la amplitud de sus conocimientos y su concisa expresión de los aspectos esenciales de cada una de las situaciones que le había planteado para su análisis.

Cuando regresé al hotel, encontré un mensaje esperándome. El nombre, el de un tal Sr. Charles Raymond, no me resultaba familiar, pero decidí devolver la llamada.

La voz al otro lado de la línea sonaba vacilante. "Por regla general, no me ofrezco voluntario. Lo aprendí hace mucho tiempo en el ejército. Pero mis fuentes me dicen que está buscando a los informantes responsables de la cartera del Sr. Falcucci. Creo que puedo ser de ayuda. Probablemente él lo haya olvidado, pero yo entraba y salía del hotel con bastante frecuencia justo después de que se liquidara la herencia de su madre, así que, naturalmente, tuvimos muchas conversaciones sobre asuntos financieros, incluidas las acciones".

Huelga decir que me encantó la idea. Quedamos en el vestíbulo, donde el Sr. Raymond demostró ser un hombre alegre y cordial, con recursos propios. Aunque había nacido en una familia adinerada, era muy comprensivo y estaba deseoso de ayudar a aquellos que, como nosotros, no habíamos tenido la suerte de recibir una herencia considerable.

"Mientras venía en taxi", comenzó el Sr. Raymond nada más sentarse, "me encontré recordando aquellos días. En aquel entonces tenía una filosofía de inversión, que quizá se pueda resumir mejor con el antiguo eslogan de GE: *"Mejores cosas para una vida mejor"*. Estados Unidos ya se había convertido en un país próspero y el resto del mundo estaba ansioso por seguir su ejemplo. Por eso, siempre me preguntaba cómo los productos fabricados por una empresa cuyas acciones me interesaban podían mejorar la vida de las personas, cómo podían hacer las cosas mejores y más cómodas".

“En Estados Unidos, parte de esta prosperidad se pagó con la incorporación de las mujeres al mercado laboral. Es posible que algunas volvieran a trabajar por la razón tradicional: para evitar pasar necesidades. Pero no creo que este fuera el caso de la mayoría de las nuevas trabajadoras. Estaban allí para proporcionar esos pequeños extras, esos lujos que eran difíciles de permitirse solo con el sueldo de sus maridos. Por eso siempre me han gustado las empresas de comida rápida, en particular McDonald's”.

“McDonald's siempre tuvo la idea correcta: mantener la sencillez y los precios bajos. De esa manera, la esposa trabajadora puede llevar a la familia a comer fuera sin sentirse culpable. Puede darse un capricho y aun así le sobra algo de dinero para algunos lujos. Y debe de estar funcionando. Tengo entendido que están añadiendo más de cuatrocientos locales al año, no solo en Estados Unidos, sino en todo el mundo. ¡Incluso están aquí, en París!”.

“Por las mismas razones, siempre me ha interesado Howard Johnson. Viajar siempre ha sido un lujo popular, desde el siglo pasado, cuando los más acomodados solían hacer grandes viajes por Europa. Y hoy en día no es diferente. Pero cuando se viaja con niños, como hacen hoy en día muchos estadounidenses, no se quieren sorpresas.

Y Howard Johnson ha hecho un excelente trabajo al proporcionar un entorno familiar y cómodo para las familias que viajan.

“Y cuando viajan, hacen fotos, lo que nos lleva a Eastman Kodak, otra de mis favoritas desde hace mucho tiempo. Es el mayor fabricante mundial de productos fotográficos, y lo ha conseguido ofreciendo productos fiables y fáciles de usar, desde la Brownie hasta la cámara Instamatic.

Pero no nos olvidemos de Polaroid. Su proceso de revelado instantáneo ha revolucionado el sector. Hubo dos avances gigantescos que llevaron a Polaroid a donde está hoy: primero, el blanco y negro y luego el color. Y puede que haya más por venir.

Ahora, por supuesto, Eastman y Polaroid se están peleando en el mercado, cada uno con su propia versión de la fotografía instantánea. Sé que todo el mundo tiende a ver esta batalla de titanes como una competición en la que hay un ganador y un perdedor, pero yo tengo una opinión diferente. ¿No es posible que ambos ganen, en beneficio tanto de los consumidores como de los inversores?

"Bueno, estas fueron mis humildes sugerencias para que el Sr. Falcucci las considerara. No tengo ni idea de si las puso en práctica, pero, si lo hizo, estoy seguro de que vivirá para celebrarlas".

"Espero que tenga razón, Sr. Raymond. Espero que tenga razón", fue todo lo que pude decir tras esta increíble muestra de confianza inquebrantable por parte de los inversores. Mientras el Sr. Raymond se retiraba por el vestíbulo, no podía quitarme de la cabeza la convicción de que acababa de recibir la visita del fantasma de todos los mercados alcistas del pasado.

Aunque el relato del señor Raymond había sido poco gratificante en algunos aspectos, finalmente me condujo al final de la tarea que me había propuesto. Había despertado viejos recuerdos, viejas expectativas y antiguas anticipaciones, y ahora contaba con razones bastante sólidas para entender por qué los invitados del señor Falcucci le habían recomendado las acciones de su cartera.

¿Y qué había aprendido?

En primer lugar, había aprendido que, a pesar de la mayor sacudida del mercado desde la década de 1930, la actual generación de inversores no había cambiado sus hábitos. Fragmentos de información aquí, un leve rastro de lógica allá, una historia repetida dos veces y a menudo malinterpretada en otra parte: eso era principalmente en lo que se basaban para invertir el dinero que tanto les había costado ganar en el mercado de valores.

En segundo lugar, había aprendido una vez más que no hay nada que pueda sustituir a un plan de inversión completo. Dicho plan debe ser capaz no solo de hacerte entrar, sino también de sacarte, y de protegerte durante esos días peligrosos en los que tu dinero navega por las turbulentas aguas del mercado.

Mi experiencia con la cartera del Sr. Falcucci me dejó con poco entusiasmo para abordar la del Sr. Klein. Estaba convencido de que, aunque podría conocer a mucha gente encantadora en el curso de mis investigaciones, al final no sería más sabio. Sentí que mi tiempo sería mucho más provechoso si lo dedicaba a revisar las técnicas que me habían servido bien a lo largo de los años.

Por lo tanto, decidí centrarme en mi propia cartera actual. En ese momento, constaba de solo cuatro acciones: Teledyne, Mitchell Energy, Houston Oil y Bally.

Apéndice

A menudo me piden que haga un resumen breve y sencillo de mi método y mis principios, lo que se podría llamar el sistema Darvas en pocas palabras. De hecho, los principios básicos de mi método son bastante sencillos.

En primer lugar, salvo en circunstancias verdaderamente excepcionales, solo compro acciones de empresas de sectores nuevos y en desarrollo, empresas cuyas perspectivas de crecimiento y beneficios parecen muy prometedoras. Nunca compro acciones de sectores consolidados, de empresas con una capitalización enorme o de negocios que ya han crecido tanto que la probabilidad de una expansión sustancial adicional es mínima.

Esto no significa que me limite a empresas que producen productos útiles o intrínsecamente valiosos. Si surge una nueva moda, no dudaré en subirme al carro cuando se presente la oportunidad, por absurda o extraña que pueda parecer. Si la moda del yoyó o del hula-hoop se extiende por todo el mundo, las acciones de los fabricantes de yoyós y hula-hoops se dispararán, y sería una tontería no aprovechar esas modas, independientemente de la opinión que se tenga sobre los yoyós o los hula-hoops.

En segundo lugar, una vez que he encontrado acciones tan dinámicas, no las compro inmediatamente. Primero compruebo la tendencia general del mercado para determinar si las acciones en general están en alza. A continuación, compruebo si la acción pertenece a un grupo industrial fuerte, es decir, un grupo que está obteniendo buenos resultados en el mercado en comparación con otros grupos. Solo cuando estoy satisfecho con estos dos puntos, examino con más detalle la acción que me interesa.

¿Por qué todas estas precauciones? Porque me gusta asegurarme de que las probabilidades están a mi favor. Si el mercado está en tendencia bajista y el grupo industrial tiene un rendimiento débil, sé que las cartas están en mi contra y que mis posibilidades de obtener beneficios sustanciales son mucho menores que si tanto el mercado como el sector fueran fuertes. En el mercado de valores, toda precaución es poca.

Por supuesto, hay excepciones a todas las reglas. Ha habido muchas acciones cuyo precio se ha multiplicado varias veces durante los mercados bajistas, al igual que hay muchas acciones que apenas se han movido en los mercados alcistas. Pero mi temperamento es tal que prefiero prevenir que curar. Por lo tanto, me mantengo al margen durante los mercados bajistas y dejo esas acciones excepcionales a aquellos que están dispuestos a arriesgar su dinero en contra de la tendencia predominante del mercado.

Una vez que he decidido que el clima de inversión es favorable y que el sector en sí es sólido, estoy listo para comprar una acción concreta, siempre que su precio esté subiendo con un volumen elevado. Mi principio básico de inversión en bolsa es sencillo: la única razón válida para comprar una acción es que su precio esté subiendo. Si el precio está subiendo, no se necesita ninguna otra razón; si el precio no está subiendo, no vale la pena considerar ninguna otra razón. No me interesan en absoluto las explicaciones de por qué una acción se comporta como lo hace, y me interesan aún menos las explicaciones de por qué no se comporta como alguien esperaba. Solo me preocupan las realidades, lo que realmente está sucediendo, no las conjeturas, las excusas, las proyecciones, las racionalizaciones o las justificaciones.

A continuación, estudio el comportamiento de la acción a la luz de mi "teoría de las cajas". Mis primeras observaciones de los movimientos del precio de las acciones revelaron que las fluctuaciones de las acciones activas no eran, como parecía en un principio, erráticas o aleatorias. Más bien, tendían a moverse dentro de una serie de rangos de precios, o "cajas". Así, durante un período de días o semanas, una acción podía fluctuar y cerrar en cualquier punto entre, por ejemplo, 30 y 38, sin bajar nunca de 30 ni subir nunca de 38. En otras palabras, sus movimientos se limitaban a una caja estrecha, con 38 como máximo y 30 como mínimo.

Entonces, de repente, un día, sin razón aparente, la acción salía con fuerza de su caja, ya fuera al alza o a la baja, y se movía a otra caja, que podía solaparse con la anterior o estar completamente separada de ella. Así, una acción que originalmente variaba aleatoriamente en una caja de 30-38 podía saltar repentinamente a una caja de 40-46 o descender a una caja de 25-32, dentro de la cual volvería a fluctuar aleatoriamente.

Descubrí que todo el movimiento alcista —o bajista— de las acciones consistía en una serie de avances de este tipo: una progresión de un rango a otro. Cada etapa en la evolución de una acción se caracterizaba por un período de fluctuaciones aparentemente aleatorias dentro de límites claramente definidos, seguido de una ruptura y, a continuación, otro período de movimiento aleatorio dentro de un nuevo conjunto de límites, y así sucesivamente. En resumen, el movimiento del precio de una acción parecía producirse en una serie de saltos de un rango a otro.

Las fluctuaciones diarias dentro de cada caja no tenían importancia real; simplemente representaban una pausa en el avance de la acción. Lo único que realmente se necesitaba para evaluar la situación eran las cajas dentro de las cuales se movían los precios.

Una vez que se ha dibujado una DAR-CARD de estas cajas, la pregunta de cuándo comprar se responde inmediatamente. El momento adecuado para comprar una acción es cuando se encuentra en su caja más alta y rompe el límite superior de esa caja para alcanzar un nuevo máximo.

Por lo tanto, si una acción se cotiza en un recuadro de 30-35 y este representa su recuadro más alto, yo daría una orden a mi corredor para comprarla tan pronto como alcanzara los 35¼. No era necesario considerar nada más.

Desde que empecé a utilizar este método de compra automática hace más de veinte años, los mercados bursátiles han cambiado. En los últimos años he observado que una ruptura por encima de la parte superior de la caja suele ir seguida casi de inmediato por fuertes ventas, que hacen caer la acción un par de puntos y la devuelven a su caja anterior. Por lo tanto, comprar en la primera ruptura puede dar lugar a una pérdida considerable.

La razón de este comportamiento puede ser que los profesionales más astutos y los operadores de piso saben que una ruptura por encima de un nivel de resistencia es la señal que impulsa a los analistas técnicos a comprar. Aprovechan entonces esa circunstancia para deshacerse de las acciones y obtener una ganancia de uno o dos puntos.

En vista de ello, ahora espero una segunda ruptura antes de comprar: es decir, una ruptura por encima de la parte superior del rango más alto, seguida de una reacción a la baja y, posteriormente, una nueva subida hasta un máximo superior al de la primera ruptura. Vale la pena tomar esta precaución adicional.

Si el precio no retrocede después de la primera ruptura y continúa subiendo, dejo la acción en paz; nunca persigo una acción en alza, porque nunca sé cuándo puede darse la vuelta y volver a bajar.

¿Qué pasa si no hay ninguna acción adecuada que cumpla estos criterios? Simplemente me mantengo al margen y espero a que aparezca una. A menudo he permanecido sin invertir durante dos años si no encontraba acciones que valiera la pena comprar. Nunca compro una acción a menos que parezca probable que su precio se duplique en un plazo de seis a doce meses. Si no encuentro ninguna acción que me llame la atención, prefiero salir del mercado por completo. ¿Por qué debería arriesgar mi dinero en el mercado de valores con la posibilidad de perder el 50% a cambio de un mísero rendimiento del 10%, cuando puedo obtener prácticamente el mismo rendimiento sin riesgo alguno simplemente manteniéndolo en bonos en eurodólares?

Mucha gente parece creer que siempre debe mantener su dinero "trabajando", es decir, constantemente invertido en acciones. Odian la idea de convertirlo en efectivo. Pero ¿por qué seguir invirtiendo en un mercado bajista, cuando los precios están cayendo en general? ¿Por qué seguir el mercado al alza solo para perder, en la caída, lo que tanto te ha costado ganar en la subida?

Hay incluso quienes insisten en que la política de "comprar y mantener" es el mejor enfoque, por lo que se aferran a ella contra viento y marea. Algunos parecen sentir una especie de placer masoquista al ver cómo su capital se desvanece cada dos o tres años en sucesivos ciclos bajistas; otros simplemente cierran los ojos, aprietan los dientes y esperan a que pase. Con ese tipo de actitud, invertir en el mercado de valores se convierte en una sucesión de pesadillas. Prefiero dormir tranquilo por la noche, aunque eso signifique mantener el efectivo durante largos periodos.

¿Cuándo vender? Para la mayoría de la gente, esta es la pregunta más difícil de todas, y sin embargo es precisamente aquí donde se decide el éxito o el fracaso. Es posible que haya seleccionado la acción perfecta y la haya comprado en el momento justo, pero si la vende demasiado pronto o la mantiene demasiado tiempo, puede perder una ganancia sustancial o acabar sin nada.

Mientras una acción se mantenga en su casilla más alta o continúe con una clara tendencia alcista, me conformo con conservarla. Pero sé que, tarde o temprano, la tendencia se invertirá y las casillas comenzarán a colapsar. Por lo tanto, me preparo para ello con antelación. Le doy instrucciones a mi corredor para que venda automáticamente las acciones si su precio cae por debajo del límite inferior de su casilla más alta.

El razonamiento es sencillo. Si una acción cotiza, por ejemplo, en un rango de 35 a 40, puede rebotar entre esos límites durante el tiempo y con la frecuencia que quiera. No me importa cuántas veces toque 35. Pero si rompe por debajo del límite inferior del rango, es evidente que ha ocurrido algo importante: el soporte se ha debilitado y no hay forma de saber hasta dónde puede caer el precio antes de establecerse en un nuevo rango inferior.

Por lo tanto, el límite inferior del rango es el punto obvio para vender. A medida que la acción avanza, naturalmente elevo mi *stop-loss* al límite inferior de cada rango sucesivo más alto.

Considero el stop-loss como una especie de red de seguridad, fijada por debajo de mí para evitar una caída grave y protegerme de pérdidas financieras importantes si mis acciones se desploman repentinamente. Y así es exactamente como ha funcionado. Una y otra vez me ha salvado del desastre cuando tanto el mercado como mis acciones han cambiado de dirección y han entrado en declive. Nunca entro en el mercado sin uno.

Hace algunos años, un conocido autor escribió un libro sobre inversiones en el que dedicó un capítulo entero a denunciar lo que él llamaba "los males del stop-loss". Según él, el uso de un stop-loss conducía directamente a la quiebra. Al leer ese capítulo, nadie diría que las acciones pueden bajar o que existen los mercados bajistas. En el idílico mundo bursátil descrito por muchos escritores, los precios solo suben, el mercado siempre se comporta de forma racional, es fácil ganar dinero y no hay necesidad de protegerse contra los errores o las caídas del mercado.

Por desgracia, el mercado de valores se parece muy poco a esa fantasía. Quien entra en él con ilusiones tan optimistas pronto descubre el precio de ese error. Los inversores que quedaron devastados por los mercados bajistas de 1969-1970 y 1973-1974 probablemente dirían que no fue el uso de los stop-loss lo que los llevó a la quiebra, sino precisamente no haberlos utilizado.

Ciertamente, hay ocasiones en las que vendo demasiado pronto o me detiene un movimiento falso. Pero nunca me he visto atrapado en un mercado bajista, y eso compensa con creces cualquier número de errores menores. Incluso hoy, después de veinte años en el mercado de valores, trato a las acciones con el mismo respeto que un domador de leones tiene por sus leones: aunque él es el amo, sabe que pueden causarle graves lesiones si es lo suficientemente imprudente como para bajar la guardia.

Del mismo modo, cuando entro en la jungla del mercado de valores, me aseguro de tener siempre a mano mi vía de escape rápida: el stop-loss.

Cuando compré Teledyne y Mitchell Energy and Development en 1976, utilicé exactamente el mismo método que acabo de describir: una combinación de observación del mercado, mi teoría de las cajas, ilustrada visualmente en la DAR-CARD, y mi stop-loss de protección.

Me fijé por primera vez en Teledyne en el verano de 1975, mientras analizaba los máximos y mínimos. Vi que había subido de 9½ a un máximo de 25¼. Un avance porcentual tan enorme en tan poco tiempo me llamó inmediatamente la atención y decidí investigar más a fondo. Descubrí que la empresa se dedicaba a la aviónica, las aleaciones metálicas especiales, los semiconductores y campos similares, precisamente el tipo de productos avanzados que siempre habían estado en lo más alto de mi lista de industrias con mayor crecimiento futuro.

Por lo tanto, decidí mantener la acción bajo estrecha observación y realizar una compra piloto si mostraba signos de subir.

Pero, al igual que el mercado en general, no pasó gran cosa: las acciones siguieron cotizando lateralmente hasta finales de 1975, sin superar nunca los 25. Sin embargo, en enero de 1976, Teledyne subió repentinamente a 27. Inmediatamente realicé una orden de compra y más tarde supe por mi corredor que había comprado las acciones a 27½.

Rápidamente puse un stop-loss del 10% para protegerme ante la posibilidad de que se tratara de una falsa ruptura. Sin embargo, Teledyne no retrocedió. Al contrario, subió cada vez más, sin apenas reacción. No hubo ni una sola caja entre 27 y 53.

Finalmente, en marzo, Teledyne formó un rango de 47 a 53, lo que me dio la oportunidad de decidir mi siguiente movimiento. Decidí que, si superaba los 53, compraría más acciones.

Pero, una vez más, ocurrió lo inesperado. Teledyne rompió por debajo del mínimo de su rango y mi orden de stop-loss se activó en 47. Cayó hasta 41 y luego, casi con la misma rapidez, se dio la vuelta, subió con fuerza y formó un nuevo rango de 55 a 62. Decidí volver a comprarla si superaba los 62, y di instrucciones a mi corredor para que la recomprara a 62½, lo cual ocurrió pocos días después.

A mediados de junio, Teledyne volvió a despegar y, en el plazo de un mes, se consolidó en un nuevo rango de 67 a 80, en el que permanece en el momento de escribir estas líneas.

Mi decisión de comprar Mitchell estuvo influida por factores muy similares. Era una acción del sector energético, comparable a Houston Oil; había mostrado una notable resistencia frente al descenso general del mercado y, a finales de 1976, registró una fuerte subida acompañada de un volumen elevado, lo que atrajo una atención considerable. La compré tras una división de acciones a 31½ y la vi avanzar de forma constante hasta superar los 41 en menos de un mes.

En la actualidad, sigue cotizando dentro de un rango de 35 a 41. Si sube, habré obtenido un buen beneficio; si se desploma, venderé en torno a 35. Una cosa es segura: no me quedaré de brazos cruzados esperando. No perderé el sueño, no me morderé las uñas ni llamaré constantemente a mis corredores de bolsa. Mi método —y mi stop-loss— harán todo el trabajo por mí hasta el día en que Houston, Mitchell, Bally y yo tomemos caminos separados.

Si este libro le ha interesado y desea que le mantengamos informado de nuestras publicaciones, escríbanos indicándonos qué temas son de su interés (Negocios, Inversiones, Astrología, Autoayuda, Ciencias Ocultas, Artes Marciales, Naturismo, Espiritualidad, Tradición) y gustosamente le complaceremos.

Puede consultar nuestro catálogo en: www.bnpublishing.com

LIBROS RECOMENDADOS

- Piense y Hágase Rico, Napoleon Hill
- El Sistema Para Alcanzar El Exito Que Nunca Falla, W. Clement Stone
- La Ciencia de Hacerse Rico, Wallace D. Wattles
- El Hombre Mas Rico de Babilonia, George S. Clason
- El Secreto Mas Raro, Earl Nightingale
- El Arte de la Guerra, Sun Tzu
- Como un Hombre Piensa Asi es Su Vida, James Allen
- El Poder De La Mente Subconsciente, Dr. Joseph Murphy
- La Llave Maestra, Charles F. Haanel
- Como hablar bien en publico e influir en los hombres de negocios, Dale Carnegie
- Una Mejor Opcion: Estrategias de inversion en Acciones y Opciones, Uri Trajtmann

www.bnpublishing.com

www.ingramcontent.com/pod-product-compliance
Lightning Source LLC
LaVergne TN
LVHW040622061026
849523LV00001B/279